收费公路融资创新和风险防范研究

陈建军　蒋桂芹　著

中国财经出版传媒集团
中国财政经济出版社

图书在版编目（CIP）数据

收费公路融资创新和风险防范研究／陈建军，蒋桂芹著．—北京：中国财政经济出版社，2018.12

ISBN 978-7-5095-8545-0

Ⅰ．①收… Ⅱ．①陈… ②蒋… Ⅲ．①高速公路-收费道路-融资风险-风险管理-研究-中国 Ⅳ．①F542

中国版本图书馆CIP数据核字（2018）第220892号

责任编辑：李昊民　刘霈泾　　封面设计：孙俪铭
责任校对：张　凡　　版式设计：楠竹文化

中国财政经济出版社 出版

URL：http：//www.cfeph.cn

E-mail：cfeph@cfeph.cn

社址：北京市海淀区阜成路甲28号　邮政编码：100142

营销中心电话：010-88191537

天猫网店：中国财政经济出版社旗舰店

网址：https://zgczjjcbs.tmall.com

北京财经印刷厂印装　各地新华书店经销

787×1092毫米　16开　14印张　204 000字

2018年12月第1版　2018年12月北京第1次印刷

定价：78.00元

ISBN 978-7-5095-8545-0

前　言

改革开放以来，在收费公路政策指引下，在交通运输行业的积极努力和奋力拼搏下，我国公路交通事业取得辉煌成就，成为名副其实的交通大国，尤其是收费公路发展成就更加骄人，目前通车总里程已经稳居世界第一，在推动经济社会发展、服务和改善民生方面发挥了基础性、先导性服务性作用。

“十三五”期是实现我国第一个百年奋斗目标的决胜阶段和扶贫攻坚的攻坚时期，是交通运输基础设施发展、服务水平提高和转型发展的黄金时期，公路交通建设发展任务仍艰巨繁重，新建待建收费公路多处于中西部偏远地区，建设成本高、车流量小，将进一步加大融资难度。从全国收费公路情况看，通行费收入增幅持续放缓态势，但债务余额则不断累积，还本付息压力不断增大，对公路交通健康持续发展形成极大的挑战。

近年来，随着国家财税体制改革和投融资体制改革的不断深化，交通运输投融资政策环境发生着深刻的改变，交通运输部门一家承担交通筹资、建设、运营和管理等职责的局面发生改变，交通融资平台的政府融资功能被剥离，收费公路主要以依靠银行贷款的融资格局被彻底打破，地方政府发只能通过发行债券和采用政府与社会资本合作模式建设发展收费公路，过去惯用的“以贷还贷、借新还旧”方式受到严格限制。

党的十九大明确提出交通强国战略，为我国交通发展指明了战略发展方向。在“交通大国”迈向“交通强国”过程中，收费公路也将从规模发展时期实现向高质量发展阶段发展的迈进。近年来，党中央、国务院高度重视债务风险防控，十九大报告更是将防范和化解金融风险放在打好三大攻坚战之首。在此背景下，如何在有效规避债务风险的前提下，通过科学的制度和政策安排、合理有效的金融创新获得收费公路建设资金，保障收费公路交通事业可持续发展，是当前亟待解决的重要问题。

本书试图通过探讨如何创新融资方式、引导社会资金进入收费公路建设领域，提高直接融资方式在收费公路融资总规模中的比重，至少能够起到以下作用：(1) 有效缓解当前收费公路发展的资金短缺问题；(2) 增强收费公路融资能力、降低融资成本，较好改善公路交通发展的融资结构；(3) 为社会资金进入交通基础设施建设领域提供有效途径，实现资金供求双方的直接、有效对接；(4) 有利于收费公路行业及早适应新的金融监管形势，规范单位债务资金筹措和使用行为，科学合理做好债务周转，维持资金链条的连续性，保障收费公路发展资金供给，促进公路交通持续健康发展。

由于受时间、水平和经验所限，书中可能还有疏漏之处，敬请各位专家、读者批评指正。

作者

2018 年 8 月

目　录

第一章　收费公路概述

一、收费公路的内涵

（一）收费公路的含义

收费公路是通过对公路使用者直接收取车辆通行费来补偿公路建设及维护投资的一种公路基础设施成本回收方式。1997 年 7 月 3 日，《中华人民共和国公路法》（以下简称《公路法》）经第八届全国人大常务委员会第二十六次会议通过，1998 年 1 月 1 日起施行，首次从法律层面对“收费公路”进行确认。2004 年 9 月，国务院颁布《收费公路管理条例》，对收费公路的内涵给出了清晰的定义。

根据《收费公路管理条例》规定，收费公路是指符合公路法和本条例规定，经批准依法收取车辆通行费的公路（含桥梁和隧道）。建设收费公路应当符合国家和省、自治区、直辖市公路发展规划，符合本条例规定的收费公路的技术等级和规模。

但是，通过追溯我国收费公路的发展历史，我们不难发现在《公路法》颁布之前，收费公路在我国的发展已经有近十年的时间。

（二）收费公路的分类

按照不同的标准，收费公路有不同的分类方法，最常见的标准有技术等级和行政级别两种。

1. 按技术等级划分。公路技术等级的分类主要依据是其服务的能力，设计通行量、是否分方向、是否分车道、是否控制出入是区分不同技术等级公路的常用指标。根据我国现行的《公路工程技术标准》（JTG B01—2014），按照功能和适应的交通量，公路分为高速公路、一级公路、二级公路、三级公路、四级公路五个等级。另外，存量公路仍有部分不符合最低技术等级要求的等外公路。通常，二级及以上公路被称为高等级公路（详见表 1－1）。

表1－1　　　　公路技术等级划分

技术等级	概念及特征
高速公路	专供汽车分方向、分车道行驶，全部控制出入的多车道公路。年均日设计交通量宜在15 000辆小客车以上
一级公路	为供汽车分方向、分车道行驶。可根据需要控制出入的多车道公路。年均日设计交通量宜在15 000辆小客车以上
二级公路	为供汽车行驶的双车道公路。年均日设计交通量宜为5 000～15 000辆小客车
三级公路	为供汽车、非汽车交通混合行驶的双车道公路。年均日设计交通量宜为2 000～6 000辆小客车
四级公路	为供汽车、非汽车交通混合行驶的双车道或单车道公路。双车道年均日设计交通量宜在2 000辆小客车以下；单车道年均日设计交通量宜在400辆小客车以下

一直以来，我国收费公路以高速公路为主，仅存在部分一级公路、少量的二级公路和桥梁隧道。

2. 按行政级别划分。行政级别分类是指根据公路在国民经济、社会生活、国防建设以及国际交往中的地位，为管理的需要而进行的分类。按行政级别，公路可分为国道、省道、县道、乡道和专用公路五个等级，一般把国道和省道称为干线公路。一般县道及县级以下公路又被称为农村公路。我国收费公路主要为国道、省道（详见表1－2）。

表1－2　　　　公路行政级别划分

行政级别	概念及特征
国道	具有全国性政治、经济意义的主要干线公路，包括重要的国际公路，国防公路、连接首都与各省、自治区、直辖市首府的公路，连接各大经济中心、港站枢纽、商品生产基地和战略要地的公路
省道	具有全省（自治区、直辖市）政治、经济意义，并由省（自治区、直辖市）公路主管部门负责修建、养护和管理的公路干线
县道	具有全县（县级市）政治、经济意义，连接县城和县内主要乡（镇）、主要商品生产和集散地的公路，以及不属于国道、省道的县际间公路。县道由县、市公路主管部门负责修建、养护和管理
乡道	主要为乡（镇）村经济、文化、行政服务的公路，以及不属于县道以上公路的乡与乡之间及乡与外部联络的公路。乡道由人民政府负责修建、养护和管理
专用公路	专供或主要供厂矿、林区、农场、油田、旅游区、军事要地等与外部联系的公路。专用公路由专用单位负责修建、养护和管理。也可委托当地公路部门修建、养护和管理

3. 按属性划分。根据《收费公路管理条例》，收费公路按属性不同可划分为政府还贷公路和经营性公路。

（1）政府还贷公路。政府还贷公路是指县级以上地方人民政府交通主管部门利用贷款或者向企业、个人有偿集资建设的公路。

建设和管理政府还贷公路应当按照政事分开的原则，依法设立专门的不以营利为目的的法人组织。省、自治区、直辖市人民政府交通主管部门对本行政区域内的政府还贷公路，可以实行统一管理、统一贷款、统一还款。

政府还贷公路的收费期限，按照用收费偿还贷款、偿还有偿集资款的原则确定，最长不得超过 15 年。国家确定的中西部省、自治区、直辖市的政府还贷公路收费期限，最长不得超过 20 年。

政府还贷公路的管理者收取的车辆通行费收入，应当全部存入财政专户，严格实行收支两条线管理，收费时使用的是财政票据。车辆通行费除必要的管理、养护费用从财政部门批准的车辆通行费预算中列支外，必须全部用于偿还贷款和有偿集资款，不得挪作他用。

（2）经营性公路。经营性公路是指国内外经济组织投资建设或者依照公路法的规定受让政府还贷公路收费权的公路。经营性公路建设项目应当向社会公布，采用招标投标方式选择投资者。经营性公路由依法成立的公路企业法人建设、经营和管理。

经营性公路的收费期限，按照收回投资并有合理回报的原则确定，最长不得超过 25 年。国家确定的中西部省、自治区、直辖市的经营性公路收费期限，最长不得超过 30 年。经营性公路收费时使用税务票据。

二、收费公路发展现状

（一）公路里程

截至2016年年底，全国收费公路里程为17.11万公里，占公路总里程469.63万公里的3.6%。按技术等级划分，高速公路12.45万公里，一级公路2.35万公里，二级公路2.19万公里，独立桥梁隧道1 123公里，分别占收费公路总里程的72.8%、13.7%、12.8%和0.7%。按属性划分，政府还贷公路10.05万公里，经营性公路7.06万公里（详见图1－1）。

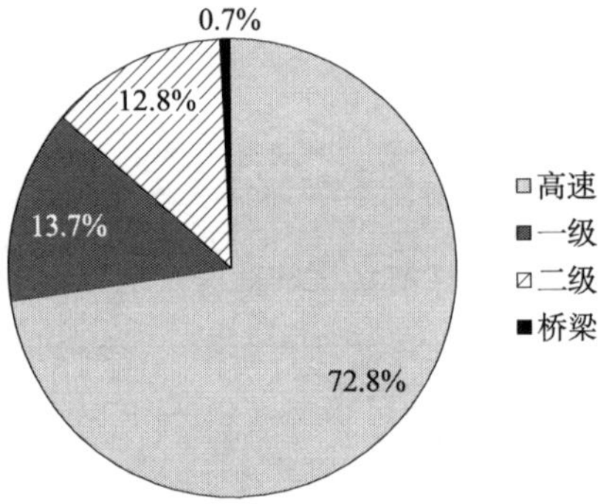

图1－1　收费公路技术等级构成

专栏1－1：

取消政府还贷普通公路情况

2008年12月国务院发布《国务院关于实施成品油价格和税费改革的通知》（国发〔2008〕37号），要求逐步有序取消政府还贷二级公路收费站。我国从2009年初开始逐步推行了撤销政府还贷二级公路收费站的政策，一些省区还相应地撤销了政府还贷一级公路收费站。

到2017年12月31日为止，先后撤销的政府还贷普通公路收费站涉及的普通收费公路（含政府还贷一级公路和二级公路）里程接近14万公里，只有新疆保留政府还贷二级公路收费站。

与2013年相比，全国收费公路总里程由15.65万公里增加到17.11万公里，净增1.46万公里，增长9.3%。从技术等级看，其中，高速公路里程由10.04公里增加到12.45万公里，净增2.41万公里，增长24.0%；一级公路基本保持不变；二级公路里程由3.18万公里减少到2.20公里，净减0.98万公里，减少30.8%；独立桥梁隧道里程由0.08万公里增加到0.11万公里，净增0.03万公里，增长37.5%（详见图1-2）。

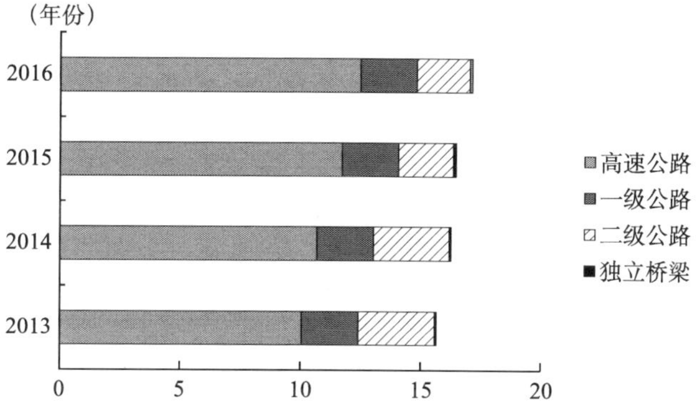

图1-2　收费公路里程变化（按技术等级划分）

从收费公路属性划看，政府还贷公路由9.95万公里增加到10.05万公里，净增0.1万公里，增长1.0%；经营性公路由5.7万公里增加到7.06万公里，净增1.36万公里，增长23.9%（详见图1-3）。

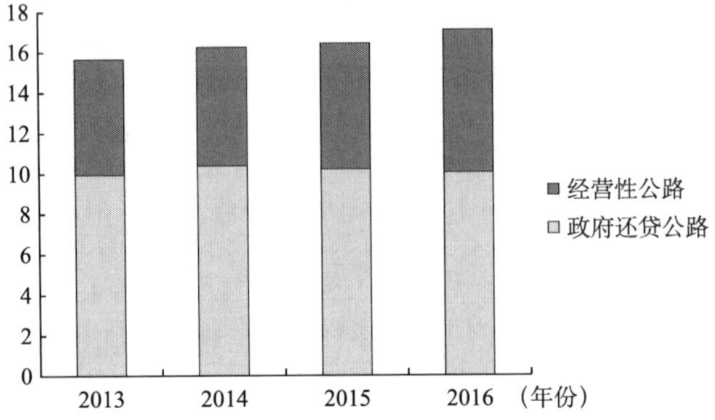

图 1－3 收费公路里程变化（按属性划分）

（二）建设投资

截至 2016 年年底，全国收费公路累计建设投资总额为 75 857.5 亿元。其中，资本金投入为 23 518.3 亿元，债务性资金投入 52 339.2 亿元，分别占收费公路累计建设投资总额的 31.0% 和 69.0%。

与 2013 年相比，全国收费公路累计建设投资总额净增 21 425.5 亿元，增长 39.4%。其中累计债务性资金投入净增 14 783.2 亿元，增长 39.4%（详见图 1－4）。

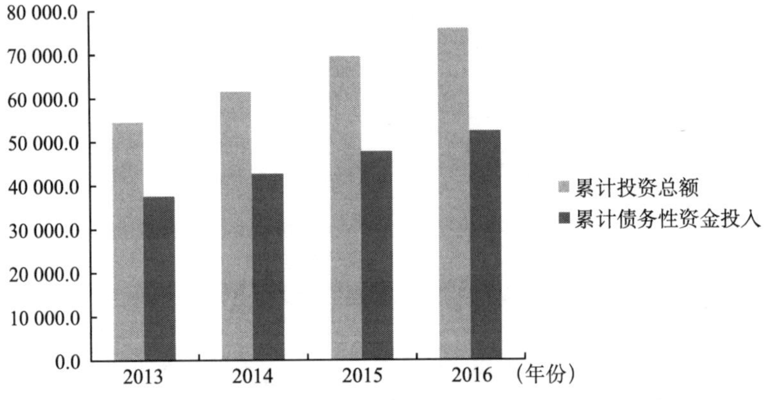

图 1－4 收费公路建设投资总额（2013～2016 年）

（三）债务余额

截至2016年年底，全国收费公路债务余额为48 554.7亿元。其中，高速公路45 635.0亿元，一级公路1 673.8亿元，二级公路468.9亿元，独立桥隧777.0亿元，分别占全国收费公路债务余额的94.0%、3.4%、1.0%和1.6%；政府还贷公路26 107.5亿元，经营性公路22 447.2亿元，分别占全国收费公路债务余额的53.8%和46.2%。

与2013年相比，全国收费公路通行费债务余额净增14 246.7亿元，增长41.5%。其中，高速公路净增14 349亿元，一级公路净减217.2亿元，二级公路净减118.1亿元，独立桥隧净增233亿元；政府还贷公路净增6 392.5亿元，经营性公路净增7 854.2亿元。

（四）收入支出

1. 收入情况。

2016年度，全国收费公路通行费总收入为4 548.5亿元。其中，高速公路4 181.3亿元，一级公路143.7亿元，二级公路59.3亿元，独立桥隧164.2亿元，分别占全国收费公路通行费总收入的91.9%、3.2%、1.3%和3.6%。与2013年相比，全国收费公路通行费总收入净增896.5亿元，增长19.7%。其中，高速公路净增865.3亿元，一级公路净减24.3亿元，二级公路净减14.7亿元，独立桥隧净增70.1亿元。

2. 支出情况。

2016年度，全国收费公路支出总额为8 691.7亿元。其中，偿还债务本金支出4 750.5亿元，偿还债务利息支出2 313.3亿元，养护支出476.3亿元，公路及附属设施改扩建工程支出228.7亿元，运营管理支出596.8亿元，税费支出308.9亿元，其他支出17.2亿元，分别占收费公路支出总额的54.7%、26.6%、5.5%、2.6%、6.9%、3.5%和0.2%。

与2013年相比，全国收费公路支出总额净增4 378.7亿元，增长101.5%。其中，偿还债务本金支出净增3 310.5亿元，增加229.9%；偿还利息支出净增606.3亿元，增加35.5%；养护支出净增86.3亿元，增加22.1%；公路及附属设施改扩建工程支出净增228.7亿元；运营管理支出净增139.8亿元，增加30.6%；税费支出净增94.9亿元，增加44.3%；其他支出净减86.7亿元，减少83.4%（详见图1-5）。

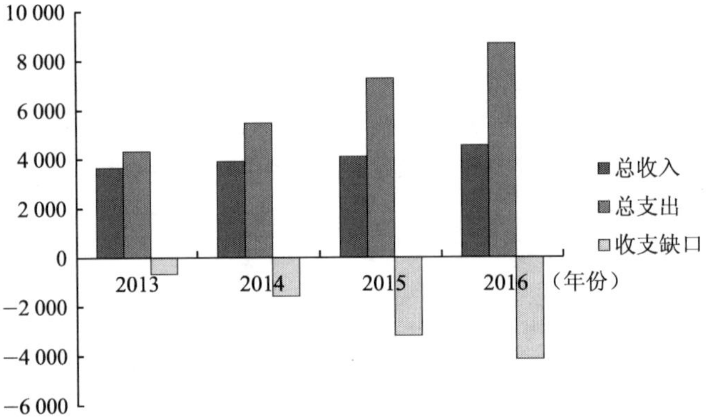

图1-5　收费公路建设投资总额（2013~2016年）

3. 收支缺口。

2016年度，全国收费公路通行费收支缺口4 143.3亿元，较2013年年底增加3 482.2亿元，增长5.3倍。其中，政府还贷公路通行费收支缺口2 150.6亿元，较2013年年底增加1 590.6亿元，增长2.8倍；经营性公路通行费收支缺口1 992.7亿元，较2013年年底增加1 891.7亿元，增长18.7倍。

三、社会关注的几个问题

（一）为什么要修建收费公路

大家知道，公路是全社会的基础设施，是铁路、水路、民航运输的前提条件和后续保障。公路也是公益设施，属于社会公益事业，是为全社会各行各业服务的服务行业，修公路在推动内需方面作用巨大，修公路能促进地方经济和国民经济各行各业发展、修公路对抢险救灾、保障人民生命财产安全方面有不可替代的作用。这就是平常意义上的公路之国民经济先行官，所以必须先修公路，后谋生产、生活、发展、享受。

1949 年，我国仅有公路 8.07 万公里，铺有路面的只占 40%，到 1959 年全国公路里程 50 万公里，1978 年为 89 万公里，公路密度、等级低，通达程度、通行能力差，严重制约对外开放、吸引外资，影响对内搞活，阻碍国民经济和地区经济发展，必须加快修建公路。

由于历史欠账多，社会需求量大且急迫，对外开放引进外资又急需，国家和地方财政又拿不出数以几万亿计的资金搞公路建设，靠捐款？靠赞助？简直不敢想象，无异于白日做梦。只好用别人的钱，用未来的钱来搞公路建设。

要多修路、快修路、修好路，要提前享受交通的便利、快捷、舒适、安全，不再忍受交通拥堵，弯急坡大，事故频发，提心吊胆上路，承受有去无回的巨大心理压力，贷款修路就成为我们必然的选择。

（二）为什么要收取车辆通行费

欠债还钱，天经地义。修建公路用了银行的贷款，就需要按期还本付息。拿什么钱向银行还本付息？靠财政，很显然行不通，国家和地方财政因为没有钱才向银行借钱修的路。让全国人民捐款，肯定也行不通，我国还没有形成慈善修路的文化，而且资金需求规模也太大了。只能依靠车辆通行费，在贷款修的路上行驶的车辆，由于比其他车辆享受了更加良好便利的交通条件，缴纳车辆通行费也显得顺理成章，从而体现出谁使用谁付费的公平原则。再加上有国家相应的政策和法律作保障，收取车辆通行费也就合情合理又合法了。

公路收费权质押是取得贷款的前提条件，按时足额还本付息是贷款时对银行做出的承诺，有贷款合同、担保合同、质押合同等一系列经济法律文书做担保，甚至有政府相关部门以规费收入为贷款兜底的承诺，银行才会放心地为公路建设贷款。这就表明，不收费就无法获得贷款资金，就不能修路。不修路，人们的出行条件就无法改善。

收费是获得贷款的前提，是贷款修路的前提，修路是改善人们出行条件的前提，改善出行条件是社会经济发展和满足人民群众衣食住行需要的前提。因而，贷款修路是向全社会提供畅捷交通，收费还贷是为政府化解资金难题。“贷款修路、收费还贷”政策较好地解决了国家资金短缺，无钱修路，社会需求急迫，必须修路的矛盾，这一政策能被国家以法律形式固定下来，说明其合理性和必要性。

（三）为什么要收费那么久

改革开放以来，高速公路从无到有，非高速公路也如雨后春笋般出现。根据交通运输部的数据，我国收费公路的资金投入中，财政资金投入较少，不足总投资的 11%，贷款资金使用太多，已超过总投资的 89%。社会上质疑的“全国处处都有收费站、时时都在收费”不仅能表明处处都在搞公路建设、条条公路都使用了贷款资金、时时都要偿还贷款本息，还能表明全国各地同时搞公路建设、同时使用贷款资金、同时收取通行费、同时增加老百姓负担，让老百姓感到收费太高，引起老百姓的不满，在宏观控制、稳步推进、综合平衡方面考虑有不周到之处。

贷款本金确定、贷款利率也确定，要想尽快还本付息，可以把贷款期限约定短些，收费标准就要相应的提高。如果考虑到车主的承受能力，让车辆通行者感觉可以接受，就需要适当降低收费标准，相应的收费期限就会拉长。

按目前通行费标准和收费期限，中西部地区许多政府还贷高速公路在收费期限内仍不能按期还本付息，原因就是地方政府应该拨付的资本金没有到位、公路超概算投资、公路通车运营初期通行费收入少支出大、公路大中修等多方面因素，过量使用贷款资金。项目贷款年限与收费年限不匹配，项目许多支出无法取得项目贷款，便大量使用流动资金贷款，造成企业贷款换手率极高，工作量极大、风险极大。公路建设项目和运营管理过程实际使用的贷款达到了项目总概算投资的110%甚至更多，而确定收费标准和收费年限时仅按照概算总投资的65%计算清偿贷款本息，45%的贷款本息不予理睬，收费标准不包含此贷款，造成收费期无法还本付息，结果造成广为社会诟病的收费公路超期收费的弊端。

收费公路需要建设的公路里程那么长，需要资金那么多，贷款量那么大，如果不收那么久，缩短一半时间，通行费收费标准至少需提高1.5～2倍，缩短1/3时间，通行费标准需提高1～1.5倍，这样大家更承受不了。

“贷款修路，收费还贷”政策是我国发展公路交通的筹融资手段而非公路建设的目的，公路建设的目的是为国民经济和地区发展服务好、为各行各业发展搭好舞台和通道、为老百姓出行提供便利。

第二章　收费公路投融资发展历程及现状

一、收费公路投融资政策发展历程

交通基础设施作为经济社会发展的基础性、先导性产业，收费公路投融资政策性较强，一直紧随国家宏观经济政治形势而不断改革和完善，大致经历了以下四个主要发展阶段：

（一）政策框架初步确立期（1984～1992 年）

改革开放以后，国民经济迅速发展，公路通行能力不足的问题严重阻碍了国民经济的快速发展。在公路需求难以满足的同时，国家对公路交通事业发展投入资金不足的问题也不断显现。为了应对投资不足的长期困扰，交通部与各级交通运输主管部门进行了多方尝试与努力，“贷款修路、收费还贷”便是其中最重要的一项改革尝试，并于 1984 年 12 月在国务院第 54 次常务会议上将“贷款修路、收费还贷”作为促进公路事业发展的四项优惠政策之一。这项政策突破了公路建设完全依靠政府单一投资的体制，增加了公路建设的筹资途径和投资力度。从此，我国收费公路的发展有了政策依据，收费公路相继在全国各地出现。“贷款修路、收费还贷”政策是我国公路建设投资管理体制的重大历史转折点，为我国高等级公路，特别是高速公路的发展创造了有利条件。与此同时，1984 年国务院还通过了征收车辆购置附加费政策、提高养路费征收标准另外两项公路建设资金政策，统称“三项资金政策”，开启了我国收费公路建设的新纪元。这一时期，交通部提出“统筹规划、条块结合、分级负责、联合建设”的收费公路建设基本方针，与之相适应也提出了“国家投资、地方筹资、社会融资、利用外资”的投融资政策框架。

此阶段的收费公路全部为收费还贷公路，依靠贷款融资修建，收费的目的是为了在规定的期限内（贷款偿还期）筹措足够的资金用于偿还贷款本息。

（二）市场化融资发展期（1993～2007年）

1992年，社会主义市场经济体制的确立，推动全国经济进入了新一轮的快速增长与发展时期，全国各地也掀起了建设收费公路的热潮，1993年，全国公路建设工作会议确定2000年前集中力量重点完成国道主干线“两纵两横和三个重要路段”的建设目标。社会主义市场经济体制的确立，也为收费公路的市场化融资奠定了基础，各种市场融资工具呈现出“井喷式”发展的态势，形成了以收费权或者公路经营权为基础的多种融资模式，比较典型的有转让经营权融资、债券融资、股票融资、利用外资。另外，市场化融资工具的多样化发展也大大促进了收费公路的强劲增长，并促进了收费公路政策的进一步完善和更加有效地促进收费公路的实际发展。

早期的收费公路全部为收费还贷公路，收费公路的通行费收入主要是为了偿还贷款。在公路建成的早期，交通量较低，收费额有限，难以偿还到期本息，出现收费额与贷款偿还数量并不匹配的困境。为了解决现金流与贷款偿还之间的错位问题，并进一步解决建设资金不足的问题，一些收费公路管理单位考虑把未来的收益提前变现，用于偿还当期贷款并筹措建设资金，由此开始出现经营权转让行为。

1994年7月，交通部发布《关于转让公路经营权有关问题的通知》（交财发〔1994〕710号），文中提出：“为了筹集公路建设资金，加快公路建设发展速度，国家允许外商或国内非交通管理部门独资、合资建设和经营公路，对已建成的收费公路允许有偿将经营权转让给外商或国内非交通管理部门”。由此收费权转让和社会资本直接投资收费公路的行为在1994年首次得到明确允许，经营权转让使得一些原来的收费还贷公路转让出去，由原来行政事业性的收费还贷变为通过收取通行费获得投资收益的公司制经营模式。而社会资本对于收费公路的投资形式也由单一的债权性投资向债权性投资和股权性投资并存转变。通过建立收费公路公司，不仅使公路经营权进入了市场，而且实现了公路投资主体多元化，股权投资成为公路建设新的资金来源。1996 年 10 月 1 日，陕西西临高速公路收费权的成功转让，可以认为是全国比较规范的通过转让公路经营权融资的典型范例。以此为契机，各种类型的公路经营企业迅速发展起来，成为公路事业发展中的重要力量。

1996 年，国家开始实行建设项目法人责任制与固定资产投资项目资本金制度，从而促使收费公路投资体制开始盛行投资建设管理的企业化与公司化。这一政策有力地促进了社会资本对收费公路投资的积极性。

1997 年 7 月，《中华人民共和国公路法》颁布实施，进一步将公路经营权转让规范为“公路收费权”转让，并明确了民间资本与外资均可依法投资经营收费公路。从此我国发展收费公路建设有了法律依据。

1998 年，公路建设迎来又一次重要机遇。为应对亚洲金融危机，国家贯彻“扩大内需”政策，发行了 1 000 亿元国债用于基础设施建设，其中投入公路建设的专项资金达 126 亿元，在 2004 年之前这部分国债也主要投向了以高速公路为主体的国道主干线，在新形势下政府债券这种新的政府交通筹资渠道得以形成。

2004 年之后，国民经济以两位数的速度在增长，出现了基本建设投资过热的现象。为了纠正不平衡的投资局面，2006 年，国家出台《关于加强固定资产投资调控从严控制新开工项目的意见》（国办发〔2006〕44 号），要求必须采取有力措施，加强固定资产投资调控，从严控制新开工项目，遏制固定资产投资过快增长的势头，收费公路建设速度明显放缓，收费公路融资政策进入了短暂调整期。此外，高速公路其他市场化融资中存在的管理混乱问题也导致了高速公路市场化融资政策开始调整。2006 年 12 月，交通部出台了《关于进一步规范收费公路管理工作的通知》，暂停了经营权的转让，准备对经营权的转让进行清理整顿。

在此期间，也出现了各地高速公路公司在资本市场公开发行股票的上市热潮。由于国家和行业管理部门对高速公路公司上市融资作用的重新认识而事实上被终止。在政府投资方面，国债资金投资发生重大转向，大部分资金由国道主干线转向了农村公路，车辆购置税也大幅提升了农村公路投资比重。

（三）深化发展期（2008～2012 年）

发源于美国的世界金融危机重创了全球经济。为了应对世界金融危机对中国经济的影响，国家从 2008 年年底开始实施积极的财政政策和适度宽松的货币政策，也就是大家所熟知的 4 万亿元经济刺激政策，以便扩大内需，促进经济增长。交通运输行业全面贯彻落实中央金融危机的决策部署，及时出台各项应对措施，基础设施建设进一步加快，收费公路主要是高速公路新开工项目得以重启。在各地财政资金不足，无法为国家 4 万亿元经济刺激政策提供相应配套的情况下，各地交通运输主管部门纷纷组建交通投资集团公司，形成地方交通融资平台，代表地方交通运输主管部门承担起收费公路融资、建设和运营职责，开启了经营性收费公路大规模建设的新时代。收费公路权益转让开始重启，各大银行也纷纷与交通运输部签署合作协议，地方政府债券开始批准发行，国债发行规模也屡创新高，一度停止的高速公路上市又开始实施，融资政策开始走出短暂调整期，进入一个新的大发展时期。

这一时期，地方政府交通融资平台公司成为全国收费公路建设运营的主体。这是因为，一方面国家出台的财政刺激政策资金都流向了国有企业或者地方融资平台公司；另一方面由于地方政府融资平台公司的政府背景，出于对盈利和资金安全的因素，银行等金融机构的贷款对地方融资平台公司有更加强烈的倾向性。但是这一政策也出现了较大的问题，如地方政府配套资本金不到位该怎么办，没有法律和制度依据。贷款银行不管政府怎么批复，政府不给资本金更好，贷款越多，利息收入越大。地方政府配套资本金不到位，迫使企业过量使用贷款，造成大量项目无法安全还本付息。

由于一些地方融资平台公司举债融资规模迅速膨胀，运作不够规范；一些地方政府违规或变相提供担保，偿债风险日益加大；部分银行业金融机构风险意识薄弱，对融资平台公司信贷管理缺失等造成金融乱象；这些均形成了潜在的地方政府债务风险。为有效防范财政金融风险，加强对地方政府融资平台公司管理，保持经济持续健康发展和社会稳定，2010 年 6 月，国务院出台了《关于加强地方政府融资平台公司管理有关问题的通知》（国发〔2010〕19 号），其中交通投资公司也在清理规范之列。至此，收费公路的建设再次进入逐步调整的状态。

（四）深化改革阶段（2012 年至今）

为控制地方政府性债务风险，自 2011 年来，中央开展了各类政府性融资平台和融资平台公司清理规范工作，交通建设贷款条件趋于苛刻，贷款成本提高，贷款规模受到限制。统贷统还政策被废除，禁止以燃油税担保进行债务融资。2012 年 3 月，银监会发布了《关于加强 2012 年地方政府融资平台贷款风险监管的指导意见》（银监发〔2012〕12 号），继续强调“降旧控新”和非收费公路不得新增贷款，严格限制了收费公路融资发展的局面。2012 年 12 月，财政部、国家发展改革委、人民银行、银监会四部门联合下发了《关于制止地方政府违法违规融资行为的通知》（财预〔2012〕463 号），进一步规范融资平台公司融资行为，意味着采取借新还旧、贷款展期等方式融资偿还非收费道路建设贷款本息将面临较大的政策制约和困难，并且信托、理财、融资租赁、保险债权投资计划等金融产品也将受到严重限制。

与此同时，国家对收费公路的属性的认识也在深化。经过30多年的快速发展，重要的收益较好的高速公路项目都已经基本建成。为了完善路网，未来的建设任务都是建设成本比较高、收益比较低的项目。这些项目一方面需要吸引社会资本投入，另一方面因为收益和成本无法实现平衡，因此也需要政府的各种方式的支持，真正实施政府与社会资本合作。传统的认识是：不收费公路，农村公路是具有一定竞争性的公共产品；高速公路具有一定的排他性，因而是具有商品属性的公共产品。相应地，收费公路是具有一定商业化属性的公益行业。因而，收费公路的发展需要政府和社会资本的共同投入。从2012年起，各地开始安排普通政府债券支持普通公路发展，财政部拟发行收费公路专项债券。

2014年，国务院出台了《关于加强地方政府性债务管理办法》（国发〔2014〕43号，以下简称“国发43号文”），要求交通融资平台公司必须剥离政府融资功能，收费公路建设可以采取政府与社会资本合作的PPP模式，或者发行项目收益性债券、企业债券的方式筹集资金。因而收费公路建设投融资政策和融资体制都要进行相应的改革和调整，即将进入深化改革的精细化管理阶段。

2016年，《中共中央国务院关于深化投融资体制改革的意见》（中发〔2016〕18号）颁布，要求“完善政府投资体制，发挥好政府投资的引导和带动作用”，政府投资资金只投向市场不能有效配置资源的社会公益服务、公共基础设施等公共领域的项目，以非经营性项目为主，原则上不支持经营性项目。可以理解为，经营性项目通过市场竞争的方式，主要由民营资本和商业类国有企业承担；经营性项目中不能实现财务平衡的，属于确需支持的经营性项目，主要采取资本金注入方式投入，也可适当采取投资补助、贷款贴息等方式进行引导；市场不能有效配置资源的社会公益服务、公共基础设施等公共领域的项目主要由公益类国有企业承担。

党的十八届三中全会做出了全面深化改革的决策部署，随着国内有效需求逐步释放和改革开放深化推进，我国新型城镇化稳步发展，交通运输需求持续旺盛的势头不会改变，因而以高速公路为主的收费公路的建设将进入一个新的发展时期。在中央大力推广 PPP 模式的政策背景下，2015 年，交通运输部出台交通运输行业政府与社会资本合作试点方案。方案中明确提出车辆购置税资金能够补助 PPP 项目。同时，由于新修订的《中华人民共和国预算法》（以下简称《预算法》）的实施，政府不能进行贷款，政府还贷路的发展受到了巨大影响，新建收费公路项目以选择经营性收费公路方式为主。2017 年，财政部联合交通运输部发布《地方政府收费公路专项债券管理办法（试行）》，为地方政府发展收费公路提供了合法融资渠道。

二、收费公路投融资管理体制

改革开放后，随着国民经济发展的迫切需要，各级政府把解决公路瓶颈制约问题放在突出位置，开始了公路投融资体制改革，在实践中创造出了很多行之有效的公路投融资方式。当前，我国各省收费公路投融资体制千差万别，但从投融资主体来看，可主要分为五类：

（一）以省交通运输厅作为投融资主体

收费公路建设的市场融资由交通运输厅成立的交通投资公司负责，建设、管理主体由交通运输厅下属的事业单位负责。例如宁夏交通投资公司并不是一家实体公司，其与自治区交通运输厅财务处实际上是两块牌子一套人马。采取这种管理体制的有辽宁省、吉林省、黑龙江省、山西省、青海省、新疆维吾尔自治区、宁夏回族自治区等省区。

1. 典型的辽宁模式。

辽宁收费公路建设与管理，坚持“统一规划、统一建设、统贷统还、统一管理”的“四统一”原则，行政隶属上统一管理，由省高速公路管理局负责对全省的收费公路进行收费、运营与管理工作；在建设管理上，采取建、管、养分离模式，省高等级公路建设局是经省交通运输厅授权委托的项目法人单位，对项目的工程设计、施工、质量、进度、资金运作进行管理；效益核算采取事业管理型，由省交通运输厅负责项目前期工作、资金筹集和借款偿还，实行“统收统支、统贷统还”；行业管理采取集中管理模式，由省高等级公路管理局负责全省收费公路的管理。

2. 辽宁模式的优缺点。

辽宁模式的优点包括：一是统贷统还，全省收费公路资金有保障，收费公路网规划能够顺利实施；二是实行收费还贷体系，免交相关税费，增加收费公路建设资金；三是统贷统还，有利于热线和冷线收费公路协调发展；四是全省统一管理的模式，避免管理主体多元化，有利于行业管理政策、标准的贯彻和落实。

辽宁模式的不足之处是融资主体是交通运输厅，没有遵照政事分开的原则，不符合现行法律法规的要求。

3. 辽宁模式的调整。

值得关注的是，新《预算法》和2014年国发43号文出台以来，一直坚持发展政府还贷公路的辽宁省，由于省高速公路管理局的政府融资功能被剥离，存量债务化解面临政策困境，2016 年通过投融资体制改革，成立辽宁省交通建设投资集团有限责任公司，将其管理的政府还贷高速公路，变更为经营性高速公路。也就是说，新形势下辽宁模式已经不能适应发展需要，改革转型是必然趋势。

（二）省国资委管理的企业集团作为投融资主体

例如北京市、上海市、山东省、江苏省、浙江省、广东省、安徽省、湖北省、四川省、重庆市、广西壮族自治区、江西省、贵州省。一般由原来的高速公路运营企业或者事业单位通过资源整合组建大型交通投资集团公司，直接隶属于省国资委，省交通运输厅只是作为行业主管部门，对这些交通投资集团履行行业指导的职责。比如，北京市的大部分高速公路（经营性）建设是通过首都公路发展有限责任公司作为筹资主体进行建设、管理。该公司隶属于北京市国资委。北京市政府还贷高速公路比较少，这部分由北京市交通运输委下属的路政局作为筹资主体进行建设、管理，北京市交通运输委履行行业管理职能和财政性资金的预算编制和管理。

1. 典型的江苏模式。

收费管理模式采取省领导小组决策、省高速公路指挥部监管、高速公路公司负责筹资和运营、市高速公路指挥部负责建设，逐步形成“投资、建设、运营和管理”的模式。全省高速公路由江苏省交通控股有限公司负责筹资和经营管理，该公司直接隶属于江苏省国资委。省政府下设高速公路指挥部，负责高速公路的建设管理，省交通运输厅负责收费公路建设管理的监督和验收，对经营管理行为进行监管。

2. 江苏模式的优缺点。

江苏模式优点在于政府主导下的内部专业化分工，有利于提高公路经营管理的效率；缺点之处在于企业效益最大化与公路基础设施公益性之间的矛盾明显，省交通运输厅对同级别的交通控股公司的行业监管力度弱化。

（三）以省交通运输厅所属企业集团作为投融资主体

例如陕西省、云南省、河南省（交投集团）、天津市、内蒙古自治区、海南省、甘肃省。省交通运输厅专门组建省交通投资集团公司，专门负责省内经营性收费公路的融资、建设、运营和管理。比如，内蒙古自治区高速公路主要由内蒙古高等级公路建设开发有限公司负责筹资、建设、管理。该公司是在对原集宁、呼和浩特、包头三个高速公路管理处整体改制，以及成建制接管巴彦淖尔、乌海两个征费分局等单位后，于2004年8月正式成立，属国有大型独资企业、副厅级建制，各部门属正处级，自治区交通运输厅履行出资人职责。

（四）以省交通运输厅所属事业单位作为投融资主体

例如河南省、湖南省、河北省等。在省交通运输厅下设收费还贷高速公路管理机构，属于交通运输厅下属事业单位，负责对全省收费还贷公路进行融资、建设、运营和管理。比如，作为河南省交通运输厅所属事业单位，其运营管理的高速公路里程占全省高速公路通车里程的40%之多。

（五）采取省市共建的方式

例如河北省、浙江省。部分高速公路建设由省高速公路管理局筹资、建设、管理，其他部分由各地市作为筹资主体进行建设和管理。比如河北省2013年在省级层面设立了河北交通投资集团公司，作为省级另外的高速公路建设筹资主体。

三、收费公路投融资相关政策

1984 年，国务院通过的“三项资金政策”——征收车辆购置附加费政策、提高养路费征收标准、“贷款修路，收费还贷”的收费公路政策，开启了我国收费公路建设的新纪元。2004 年，《收费公路管理条例》提出政府还贷公路的“统贷统还”政策，极大地促进了以省交通运输厅作为投融资主体的省份政府还贷公路的发展。2014 年以来，为吸引社会资本投资，我国出台一系列政策积极推广应用政府和社会资本合作模式，成为新形势下促进收费公路发展的主要方式和渠道。

（一）收费还贷政策

1. 收费还贷政策的贡献。

1984 年国务院出台“贷款修路、收费还贷”政策以来，是我国公路交通事业发展历史上速度最快、规模最大、成就最为突出的一段时期。收费公路政策的实施打破了公路建设单纯依靠财政投资的机制束缚，形成了“国家投资、地方筹资、社会融资、利用外资”的多元化投融资格局，对缓解公路建设资金严重不足的矛盾，改善我国路网结构，提高路网技术水平，促进我国公路交通的跨越式发展起到了至关重要的作用。在我国现有公路网中，几乎所有的高速公路、近 2/3 的一级公路、超 1/3 的二级公路，都是依靠“贷款修路、收费还贷”政策得以实施的，使我国在短时间内建成了位居世界第一、长达 17 万多公里的收费公路。可以说，如果没有收费公路政策，就没有我国公路交通事业兴旺发达的今天。

2. 收费还贷政策面临调整。

一是无法适应全面深化改革特别是财税体制改革的新要求。根据新修订的

《预算法》和财税体制改革的新要求，今后政府为发展公益性事业的举债渠道将统一调整为发行政府债券，并实行总量控制，不得再以其他方式举借政府债务。政府债券的“借、用、还”全部纳入预算管理。这使收费公路主要制度所依据的政策发生了根本变化，地方人民政府交通运输主管部门利用贷款或者有偿集资建设收费公路的筹融资模式为此需要进行调整，举债和偿债主体将从交通运输主管部门变更为地方人民政府，举债的方式是发行政府专项债券，政府管理的收费公路的车辆通行费收入必须全部纳入政府预算管理。

二是有关制度难以体现公平与效率原则。在政府财力严重不足的历史条件下，现行收费公路政策的初始导向主要是以筹集公路建设资金为主。随着路网不断发展和完善，考虑到20世纪90年代建成的高速公路逐步进入大修养护期的实际需要，收费公路的养护和运营管理资金的来源就成为必须解决的现实问题，加之收费政策对调节交通流量的作用，收费公路政策需要由单纯筹措建设资金向保障公路基础设施完好畅通、实现流量调节、优化资源配置等综合功能扩展或转换。从国际和国内公路网发展实践看，收费与收税制度的选择主要是对兼顾公平与效率的选择。普通公路由政府以收税方式筹集建设养护管理资金，提供均等化的公共普遍服务；收费公路则由于对不同用路群体提供效率服务为目标，用路者的使用频次存在较大差异，而宜采用直接收费的方式，其建设养护管理资金主要由用路者负担，解决税负不公平问题。需要构建“以非收费公路为主、收费公路为辅的两个公路体系”，实现“用路者付费，差别化负担”，兼顾公平与效率，更好地保障不同用路群体的权益，满足社会公众差异化的出行需求。

三是有关制度无法适应高速公路网络化运营和长期养护管理的客观需要。现行有关制度设计是立足于当时尚未成网的公路发展实际的。随着公路建设步伐的加快，已将高速公路由分割式的路段管理转变为集中统一的路网管理，2015年年底基本实现全国高速公路电子不停车收费联网。而现行制度中以路段为单位核算收费标准和收费期限的模式，难以适应高速公路的网络化运营，将严重影响高速公路网的整体性和通行服务效率。此外，多年来非收费公路的养护资金主要来源于返还的成品油消费税，收费公路的养护经费由通行费收入负担。目前，成品油消费税中交通转移支付资金仅能满足现有普通公路一半的养护管理资金需求，不具备承担高速公路养护管理支出责任的能力，高速公路养护资金在偿债期和经营期结束后缺乏保障。

四是现行收费公路政策吸引社会资本投资公路建设的功能逐步减弱。现行政策对政府与投资者、债权人的权利、义务界定不够清晰，缺乏有效的合理定价、收益调节和财政补贴机制，难以保障投资获得合理回报，新建公路很难吸引社会资本投入，银行放贷意愿也减弱。此外，高速公路改建扩容政策不清晰，待建高速公路项目引资难成为当前发展的突出问题，国家公路网规划的实施面临巨大资金压力。

（二）车辆购置税政策

改革开放以后，我国的经济飞速发展，公路建设资金严重不足成为困扰公路建设发展的首要问题。公路基础设施建设的严重滞后，直接成为制约国民经济发展的“瓶颈”。

为了扭转长期以来公路交通运输的紧张状况，加快公路建设，迫切需要解决公路建设的资金来源问题。1985年4月2日国务院发布《车辆购置附加费征收办法》（国发〔1985〕50号），决定设置车辆购置附加费，从1985年开始在全国范围内征收。车购费是在新车购置时，向用户一次性征收的费用作为国家用于公路基础设施的专项资金，列入交通部账户，由交通部负责征收和使用管理，实行统收统支。

2000 年，国家为加强对预算外资金的管理，把车辆购置附加费改为“车辆购置税”，并将车辆购置税资金纳入国家预算管理。为进一步深化财税体制改革，理顺税费关系，从 2005 年 1 月 1 日开始，车辆购置税由国税部门直接征收，结束了由交通部代征的历史。虽然“费改税”后，在征收和管理程序上都发生了变化，但车辆购置税的使用用途并没有改变，仍然是作为国家用于公路基础设施建设的专项资金，专款专用。

2014 年 11 月，为促进交通运输事业健康发展，为加强资金管理、提高资金使用效益，将车辆购置税相关转移支付资金整合为车辆购置税收入补助地方资金，并制定了《车辆购置税收入补助地方资金管理暂行办法》（财建〔2014〕654 号）。车辆购置税资金的支出范围包括：交通运输重点项目、一般公路建设项目、普通国省道灾毁恢复重建项目、公路灾损抢修保通项目、农村老旧渡船报废更新项目、交通运输节能减排项目、公路甩挂运输试点项目、内河航道应急抢通项目、老旧汽车报废更新项目和国务院批准用于交通运输的其他支出。

2016 年 12 月，为了进一步明确车辆购置税收入补助地方资金补助标准和责任追究事项，加强车辆购置税资金管理，提高资金使用效益，促进交通运输事业发展，财政部、交通运输部联合发布《关于进一步明确车辆购置税收入补助地方资金补助标准及责任追究有关事项的通知》（财建〔2016〕879 号），将车辆购置税资金支出范围调整为交通运输重点项目、一般公路建设项目、公路灾损抢修保通项目及国务院批准用于交通运输的其他支出。

（三）统贷统还政策

1998 年，为应对亚洲金融危机的不利影响，国家开始实施旨在扩大内需的宏观经济政策，同年 12 月，国家开发银行制定发布了《国家开发银行公路项目统借统还贷款管理暂行规定》。规定指出，公路项目统借统还贷款是指由一个借款人对多个公路项目统一向开发银行提出借款申请，签订统借统还借款合同，负责项目实施并统一偿还贷款。借款主体的资格方面，第一是省级及计划单列市政府负责管理收取和使用公路交通规费和有关建设资金的交通厅（局）、市政局、公路局可优先考虑作为借款人；第二是有独立企业法人资格的省级投资公司或高速公路投资公司。关于公路项目统借统还贷款的还款资金来源，一是建设项目自身的收益；二是借款人的综合收益；三是地方各级政府安排的用于归还项目贷款的公路交通规费和有关建设资金；四是各级政府安排的用于偿还项目贷款的财政预算内和预算外资金。

国家开发银行这一规定的出台实施，实际使地方养路费资金收入能够作为偿债资金来源发挥抵押贷款财产作用。在这一规定的示范作用以及当时的经济环境下，许多地区将若干公路项目捆绑筹措贷款融资（通常既有收费项目也有非收费项目，一部分打捆项目将所借债务统一列入收费项目的还债规模）。一些省份的地市级政府甚至县级政府也与其他商业银行开展了类似贷款融资业务。这种情况的出现，一方面进一步扩充了公路建设的资金规模、加快了公路建设速度；另一方面由于财政纪律约束的软化也大大增加了省、地、县级地方政府的债务负担规模。

2004 年出台的《收费公路管理条例》，正式从法规层面确认了政府还贷公路的“统贷统还”政策。省、自治区、直辖市人民政府交通主管部门对本行政区域内的政府还贷公路，可以实行统一管理、统一贷款、统一还款。统贷统还政策的实施解决了一些经济效益较差但社会效益显著的收费公路的筹融资问题，推动了路网结构的完善，在促进地方经济社会发展中发挥了重要作用。

（四）引入社会资本的投资政策

这一政策是随着改革开放的深入而逐渐明确起来的。1990 年《公路、水运交通产业政策实施办法》提出在统一规划下，多方筹集和有效利用建设资金，加速交通基础设施建设。为促进公路、水路交通建设利用外资的发展，1992 年，颁布了《关于深化改革，扩大开放，加快交通发展的若干意见》，允许外商独资建设货主专用码头和专用航道，鼓励中外合资或外商独资建设公路（包括独立大桥与隧道）。2002 年，颁布的《外商投资产业指导目录》将公路、独立桥梁和隧道的建设、港口公用码头设施的建设列入鼓励类项目，并且取消了外商投资码头的股比限制。1996 年，交通部还颁布了《公路经营权有偿转让管理办法》，以规定期限的收费经营权为条件，吸引民间资金进入公路基础设施领域。这些政策的出台积极地促进了公路交通多渠道融资格局的形成，也积极地促进了公路交通的建设发展。

2014 年 9 月以来，国务院、国家发展改革委、财政部出台了一系列积极推广运用 PPP 模式的政策性文件。《交通基础设施政府与社会资本合作等模式试点方案》提出，欲采用政府与社会资本合作方式的交通基础设施应主要考虑纳入国家高速公路网项目和普通国道中跨长江、黄河或海峡的重要通道工程，特别是社会效益突出但经营性收费不足以覆盖投资成本、需政府补贴部分资金或资源才能进行商业化运作的项目，优先考虑已开展前期工作、拥有合作意向或地方政府给予支持的项目。近年来，政府和社会资本合作模式在收费公路领域得到广泛运用，为促进投资规划任务完成发挥了积极作用。

四、收费公路建设投融资现状

（一）投资规模

改革开放以来，我国公路建设投资规模持续上涨，实现了由少到多，逐年增加的快速发展。在此发展中，公路建设抓住了四次重要的政策机遇，连续实现了四次投资跨越。

第一次投资跨越（1993～1996 年）是邓小平同志“南方谈话”和党的十四大召开后，交通行业解放思想，加大了市场融资力度，收费公路建设开始提速、建设规模扩大。1996 年建设投资规模首次超过 1 000 亿元。

第二次投资跨越（1998～2002 年）是为应对东南亚金融危机影响，中央政府实施积极财政政策，国内各大银行对公路建设的贷款力度进一步加大，一批重要的国道主干线和省级干线公路的建设项目得以加快实施，2002 年建设投资规模超过 3 000 亿元。

第三次投资跨越（2004～2006 年）：2003 年实施农村公路“五年千亿元”工程，大幅度提高车辆购置税对农村公路建设的补助。2005 年 1 月，国务院批准《国家高速公路网规划》，高速公路建设进一步加快。地方对农村公路和国家高速建设积极响应，2006 年年底建设投资规模超过 6 000 亿元。

第四次投资跨越（2009 年以来），为应对 2008 年国际金融危机，出台下调收费公路资本金比例、银行搭桥贷款、项目前期审批加快等一系列措施使公路建设投资规模进一步扩大，2010 年公路建设完成投资首次超过万亿水平。

截至 2016 年年底，全国收费公路累计建设投资总额为 75 857.5 亿元，较

2010年年底净增39 351.5亿元，增长107.79%，平均每年新增投资6 558.58亿元，年均增长17.96%。

（二）资金来源

从收费公路建设投融实践看，车辆购置税资金、地方自筹、企事业单位自筹和国内金融机构贷款是收费公路建设资金的主要来源。

1. 车辆购置税资金。

“十二五”期间，国家对高速公路、普通干线公路和农村公路建设和投资齐头并进，大幅提高了对普通公路的投资比例，高速公路投资比例进一步降低，逐步实现车辆购置税投资重点由高速公路向普通干线公路的转移。根据交通运输部统计资料，车辆购置税用于以高速公路为主的重点公路规划项目建设支出比重逐步稳定，并占据重要地位，反映出对融资能力较强的高等级公路，政府投入逐渐趋于平缓。

2. 地方自筹资金。

公路交通发展不仅是中央的事，加之长期以来中央资金供给较为紧张，因此中央采取的一个政策是“部省合建，以省为主”进行投入。在公路方面，各行政层级的公路均由地方为主筹集建设资金，中央只给予一定的补助。中央对地方公路、水路交通基础设施的投入，在一定程度上调动了地方的积极性。“十二五”期间，中央投资约占全国公路建设总投资的15%，绝大部分资金由地方筹集。

地方自筹主要由财政补助、银行贷款和地方政府债券构成。财政补助是指为支持交通发展，各级地方政府从一般性财税收入、政府债券中安排部分资金用于公路建设。地方政府债券是指为促进公路持续、健康发展，在现行中央代理发行地方政府债券制度框架内，考虑公路建设发展需求因素，适当扩大发行债券规模，由地方政府安排用于高速公路发展。根据新《预算法》规定，2014 年之后地方政府融资举债采取银行贷款方式成为禁止行为。

3. 企事业单位自筹。

1994 年 7 月，交通部发布的《关于转让公路经营权有关问题的通知》（交财发〔1994〕710 号）明确提出，“国家允许外商或国内非交通管理部门独资、合资建设和经营公路”，投资建设经营性公路一般采用 BOT（Built – Operate – Transfer）融资模式。

1996 年 10 月，交通部颁布了《公路经营权有偿转让管理办法》，提出以规定期限的收费经营权为条件，引进民间资金进入公路基础设施领域。2004 年国务院颁发了《收费公路管理条例》（国务院令第 417 号），对公路收费权益的转让管理做出原则性的规定。2008 年 10 月，交通运输部会同国家发展和改革委员会和财政部制定了《收费公路权益转让办法》，因而，企事业单位自筹资金也成为收费公路建设资金的重要来源。

4. 金融机构贷款。

银行等金融机构贷款是收费公路建设资金的重要来源。1984 年国务院出台的“贷款修路、收费还贷”政策为银行等金融机构贷款进入高速公路建设提供了政策上的保障，利用贷款资金修建高等级公路，通过收取通行费取得的收入还本付息，大大地促进了银行贷款进入收费公路建设的积极性。收费公路建设具有资金需求量大、建设周期长、收益稳定等特点，更符合金融机构长期贷款的条件。

（三）资金结构

交通专项税费和收费公路政策作为公路建设的政策基础，这些政策的配套使用，逐步实现投资主体和渠道多元化，发挥了促进融资的重要作用。

根据《2016年全国收费公路统计公报》，截至2016年年底，全国收费公路累计建设投资总额为75 857.5亿元，较2015年年底增加6 369亿元，增长9.2%。其中，财政性资本金投入为12 882.1亿元，非财政性资本金投入10 636.2亿元，举借银行贷款本金48 147.9亿元，举借其他债务本金4 191.3亿元，分别占收费公路累计建设投资总额的17.0%、14.0%、63.5%和5.5%（见图2－1）。

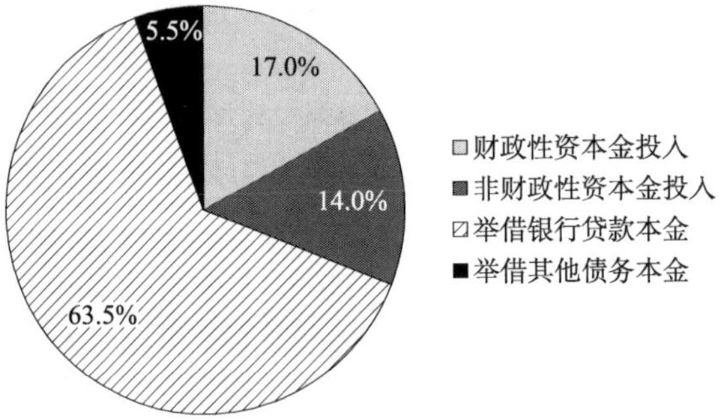

图2－1　2016年收费公路建设投资占比情况

其中，财政性资本金投入主要包括中央车辆购置税资金、预算内投资资金和地方政府财政一般预算资金；举借其他债务主要包括发行债券、对外借款等债务资金。从实际情况看，地方政府财政一般预算资金和债券资金投资力度虽然在逐年加大，但投入规模占比依然非常有限，中央投资特别是车辆购置税资金，以及银行贷款仍然是收费公路建设资金的主要来源。

五、收费公路投融资政策评价

（一）取得的成效

1. 收费公路政策推动高等级公路实现跨越式发展，促进了我国经济社会持续健康发展。

国家实施的“贷款修路，收费还贷”政策，打破了公路建设单纯依靠财政投资的机制束缚，对我国公路交通的跨越式发展起到了至关重要的作用。截至2016年年底，全国公路总里程达到469.63万公里，是1984年年底的5.1倍。其中，高速公路达到13.10万公里，里程规模居世界第一位；一级公路9.92万公里，是1984年年底的302.3倍；二级公路37.11万公里，是1984年年底的19.9倍。

公路基础设施的快速发展，大幅提高了公路通行能力和运输效率，促进了我国经济社会持续健康发展。2016年，全国公路旅客周转量为10 228.71亿人公里，是1984年的7.7倍；公路货物周转量为61 080.10亿吨公里，是1984年的115.8倍。公路基础设施服务水平迅速提高，极大地促进了我国物流业的发展。世界银行最新发布的《物流绩效指数报告》显示，2016年我国物流绩效水平在世界160个国家和地区中排名第27位，在中高收入国家组别中位居第二。

2. 收费公路投资结构进一步优化。

一是收费公路技术等级结构进一步优化，高速公路占比进一步提升，政府还贷收费公路占比逐步降低，二级公路占比大大降低。截至2016年年底，全国收费公路里程为17.11万公里，占公路总里程469.63万公里的3.6%。其中，高速公路12.45万公里，一级公路2.35万公里，二级公路2.19万公里，分别占收费公路总里程的72.8%、13.7%和12.8%。

二是收费公路建设投资结构进一步优化。公路建设投资逐步向国省干线公路倾斜，公路建设车辆购置税资金中，国省道所占比重由“十一五”的10%上升至“十二五”的约1/3，高速公路所占比重由“十一五”的40%下降到“十二五”的约1/3。

三是收费公路投资区域进一步优化。投资向西部地区、“老少边穷”地区和集中连片特困地区倾斜。“十二五”时期以来，西部地区累计安排车辆购置税资金占全国比重较“十一五”时期提升了将近两个百分点。

3. 通过多元化融资，基本保障了高速公路建设资金需求。

“贷款修路，收费还贷”政策，打破了公路建设单纯依靠财政投资的机制束缚，形成了“国家投资、地方筹资、社会融资、利用外资”的多元化投融资格局。长期以来，各级政府和交通运输管理部门坚持政府和市场相结合，立足交通专项资金，并利用收费公路政策，以及统贷统还政策杠杆作用，多方多渠道吸引社会投资，基本满足了高等级公路建设需要。目前，“政府主导、分级负责、多元筹资、规范高效”投融资体制正在建立和完善。

（二）存在的问题

1. 政策逐利性导致收费公路过度超前规划。

交通基础设施建设必须适度超前已是共识，因为公路基础设施产业具有先导性，是国民经济发展的基础，地方政府需要对本地区收费公路进行适度超前规划。但是，一些地方政府对收费公路的建设热情远远超过了适度的程度，公路基础设施的修建能直接推动经济发展，这些均导致公路尤其是高速公路过度修建。

地方政府愿意修路，但负责投资的省交通投资集团却资金不足，在这种情况下，“贷款修路，收费还贷”政策就为地方政府提供了政策融资手段，一些地方政府更多地从政绩出发过度超前规划，盲目上马收费公路项目，造成不少收费公路车流量很小，项目远无法按期还本付息，导致大量亏损，西部地区这种情况尤为严重。

2. 政府投入不足，权责不统一，财力与事权不匹配。

政府投入严重不足。作为重要的公共基础设施，公路发展应得到充足的财政投入保障，发达国家公路发展的资金来源主要是各类财政性资金，总体约占90%。而我国公路建设资金仅有约30%来自财政性资金并主要为专项税，其余70%为各类债务及其他投资。即便是公益性极强的普通公路的建设，甚至养护，由于缺乏足够政府投入，也需通过大量债务融资筹集资金。

权责不一致，投资责任倒挂。发达国家的国家级公路建设和养护资金投入主要由中央或联邦财政承担。由于中央投入不足，我国国道建设由地方为主筹资，大部分地区的市县级政府是普通国省干线公路建设的筹资责任主体。地方政府，直至市县级政府过多承担了本应属于上级政府的筹资责任。另外，国道养护的资金投入几乎完全由地方承担，中央只安排少量的路面改造资金补助。与此同时，中央和地方政府在公路建设中的投资责任发生明显倒挂。中央车辆购置税被安排用于属于县级政府事权的农村公路建设，支出占其公路总支出的比重最高年份高达近50%，而用于普通国道建设支出占比则较低。

财力和事权不匹配。原养路费属于地方规费，是地方政府用于普通公路、航道建设和养护的主要资金来源，与地方政府的事权相对应。燃油税改革后，地方费变成了中央税，目前车辆购置税和燃油税均为中央税，地方政府失去了与其事权责任相对应的专项资金来源和相应调节机制。

3. 统贷统还适得其反。

“贷款修路，收费还贷”政策导致了许多不具有还本付息能力的收费公路建设运营，这些项目往往不能按期还本付息。为了平衡收费公路项目之间的经济性，统贷统还政策应运而生。统贷统还政策在平衡地区内收费公路经济效益的同时也产生了许多问题。第一，东部地区与中部效益较好的省份可以依靠盈利的项目为经济效益较差的项目缓解还贷压力，但是中西部地区的收费公路车流量较小，能产生盈利的项目偏少，加之资金投入比例限制，短期内通过统借统还实现这些地区收费公路的盈亏平衡不太现实。第二，该政策的运行实际是隐藏了低效率问题使收费公路经济绩效偏低的问题弱化。第三，个别地区把统贷统还作为政策挡箭牌，以此为借口使部分收费公路延期收费，为行业带来极大的社会舆论压力。

4. 公路债务风险日益积累，偿还出现困难。

“贷款修路，收费还贷”政策引起中国收费公路发展过度超前规划，对交通主管部门乃至银行带来一定债务风险。在政府投入严重不足、投资责任倒挂、财力和事权不匹配的客观状况下，各地公路发展不可避免地选择了负债发展的道路。目前，公路建设投资除资本金外，其他来源主要是债务性资金，很多项目的部分资本金来源也是债务。这种资金结构放大了公路的投资规模，也放大了债务风险。截至2016年年底，全国收费公路债务余额为48 554. 7亿元，2016年全国收费公路收支缺口4 143. 3亿元，与“十三五”期间相比，收支缺口进一步扩大，但缺口增速有所减缓。

第三章　收费公路投融资面临的形势分析

一、国家深化财税体制改革的机遇和挑战

（一）国家财税体制改革主要内容

财政是国家治理的基础和重要支柱，科学的财税体制是优化资源配置、维护市场统一、促进社会公平、实现国家长治久安的制度保障。党的十八届三中全会《关于全面深化改革若干重大问题的决定》提出，必须完善立法、明确事权、改革税制、稳定税负、透明预算、提高效率，建立现代财政制度，发挥中央和地方两个积极性。

此次财税体制改革主要内容有三大方面：一是改进预算管理制度，二是完善税收制度，三是建立事权和支出责任相适应的制度。

1. 改进预算管理制度。

实施全面规范、公开透明的预算制度。建立跨年度预算平衡机制，建立权责发生制的政府综合财务报告制度，建立规范合理的中央和地方政府债务管理及风险预警机制。

完善一般性转移支付增长机制，减少专项转移支付规模，扩大促进公共服务均等化目的的均衡性转移支付，重点增加对革命老区、民族地区、边疆地区、贫困地区的转移支付。中央出台增支政策形成的地方财力缺口，原则上通过一般性转移支付调节。

清理、整合、规范专项转移支付项目，逐步取消竞争性领域专项和地方资金配套，严格控制引导类、救济类、应急类专项，对保留专项进行甄别，属地方事务的划入一般性转移支付。

2. 完善税收制度。

深化税收制度改革，增值税改为中央税，消费税划归地方税，弥补增值税

调整给地方带来的财力缺口。推进增值税改革，适当简化税率。完善地方税体系，逐步提高直接税比重。调整消费税征收范围、环节、税率，把高耗能、高污染产品及部分高档消费品纳入征收范围。逐步建立综合与分类相结合的个人所得税制。加快房地产税立法并适时推进改革，加快资源税改革，推动环境保护费改税。

按照统一税制、公平税负、促进公平竞争的原则，加强对税收优惠特别是区域税收优惠政策的规范管理。税收优惠政策统一由专门税收法律法规规定，清理规范税收优惠政策。完善国税、地税征管体制。

3. 建立事权和支出责任相适应的制度。

建立事权和支出责任相适应的制度。适度加强中央事权和支出责任，国防、外交、国家安全、关系全国统一市场规则和管理等作为中央事权；部分社会保障、跨区域重大项目建设维护等作为中央和地方共同事权，逐步理顺事权关系；区域性公共服务作为地方事权。中央和地方按照事权划分相应承担和分担支出责任。中央可通过安排转移支付将部分事权支出责任委托地方承担。对于跨区域且对其他地区影响较大的公共服务，中央通过转移支付承担一部分地方事权支出责任。

保持现有中央和地方财力格局总体稳定，结合税制改革，考虑税种属性，进一步理顺中央和地方收入划分。

（二）财税体制改革对收费公路投融资的要求和影响

1. 要求全面转变交通运输行业管理理念。

按照理顺事权关系的改革要求，各级交通运输主管部门应根据事权进行管理。交通运输行业管理应改变大包大揽、事无巨细的理念，对于信息非常复杂、地方具有行政资源优势的地方事务，如省道规划、投资、建设和养护，应由地方政府负责，行业管理应侧重于制定全国总体发展目标，制定标准等。

2. 要求全面改革交通投资体制，根据中央和地方事权划分，履行交通支出责任。

目前，我国交通运输领域事权不清，事权和支出责任不匹配问题较为突出。一方面国道建设养护由地方为主筹集资金，另一方面中央给予地方事权的农村公路大量补助。按照权责一致改革要求，中央事权必须中央承担支出责任，不应将筹资责任压给地方；地方事权应由地方为主承担支出责任，中央不应过多承担。中央和地方投资责任倒挂、中央投资安排分散、地方责任过大的交通投资体制必须要进行调整。

应按照《决定》要求理顺中央与地方事权关系，例如国边防公路、涉及国防、国家安全，应纳入中央事权；而外溢性较弱、受益范围为地方的交通基础设施和公共服务则应纳入地方事权。属于中央事权的由中央承担主要支出责任，属于地方事权的由地方承担主要支出责任。执行多年的事权不清晰、投资责任倒挂的投资机制必须进行调整。

3. 改变以收入定支出的资金供给模式，交通运输领域将以事权定支出。

目前，交通运输行业中央支出有车辆购置税、港口建设费等专项资金保证，地方支出有燃油税专项资金保证，总体上由专项资金收入规模定支出，中央和地方支出规模增长与专项资金收入增长直接相关。改革后，将是以事权定支出、以事权匹配财力，支出不再与收入挂钩。未来交通运输行业各级政府的支出盘子的大小直接取决于各级政府事权认定方案的大小。

4. 要求改革现有的收费公路管理体制。

按照财税体制改革政策，属于中央事权的，中央设机构，在不增加全国公务员总人数前提下，通过调整中央与地方现有人员机构，适当提高中央公务员比重。现由地方负责管理的事务，将来若划入中央事权，管理体制相应要进行改革，须重新确立中央和地方法律责任关系。例如如果国家高速公路若认定为中央事权，是采取中央直管还是委托地方管理必须予以明确。

5. 税收制度改革导致收费公路发展的财政性资金来源发生重大变化，并影响保障能力。

一是长期支持收费公路的车辆购置税资金走向不明，未来财政性资金来源将面临调整。按照减少专项转移支付规模的改革要求，车辆购置税可能被取消专项性质，改为一般税。目前财政部、审计署、国税总局都支持将车辆购置税调整为一般税，但可能有一定过渡期。按照消费税整体划归地方税的改革要求，未来车辆购置税和燃油税还有可能进一步由中央税变成地方税。

二是取消专项资金可能导致交通运输财政支出规模和稳定性得不到充分保障。考虑到此次改革将减少专项用途支出、增加一般性转移支付，专项资金“以收定支”的硬性约束被取消中央财政预算统筹资金的规模和成长性可能将少于车辆购置税现有规模。地方层面也很难有稳定的财政资金用于支付交通运输发展，资金来源面临较大的不确定性和不稳定性。

6. 要求建立规范的举债机制，有利于规范交通融资，控制债务风险，降低融资成本。

为控制地方政府性债务风险，自 2011 年以来，中央开展了各类政府性融资平台和融资平台公司清理工作，交通建设贷款条件苛刻，贷款成本提高，贷款规模受到限制。统贷统还政策被废除。

2014 年 9 月，国发 43 号文出台，从控制地方债务风险角度出发，对地方债务管理做出的政策部署。要求修明渠、堵暗道，赋予地方政府依法适度举债融资权限，加快建立规范的地方政府举债融资机制。同时，坚决制止地方政府违法违规举债。2015 年 1 月开始实施的《中华人民共和国预算法》从法律层面明确地方政府举借债务一律通过发行地方政府债券方式筹措，除此以外地方政府及其所属部门不得以任何方式举借债务；除法律另有规定外，地方政府及其所属部门不得为任何单位和个人的债务以任何方式提供担保。2017 年，财政部联合交通运输部发布《地方政府收费公路专项债券管理办法（试行）》（财预〔2017〕97 号），进一步明确地方政府为政府收费公路发展举借债务采取发行政府收费专项债券方式，标志着政府收费公路专项债券制度正式建立，必将促进政府收费公路事业持续健康发展。

二、国家宏观经济调控政策调整影响

（一）我国经济走势分析

1. 我国经济发展进入新常态，“三期叠加”是我国经济运行的主要特征。

党的十八大之后，习近平总书记指出我国发展仍处于重要战略机遇期，明确了我国进入经济发展新常态的战略判断。经济“新常态”就是重新趋于正常的经济发展态势。新常态经济是与 GDP 导向的旧经济形态和经济发展模式不同的新的经济形态与经济发展模式。新常态经济用发展促进增长，用社会全面发展扬弃 GDP 增长，用价值机制取代价格机制作为市场的核心机制，把改革开放的目标定位于可持续发展的社会主义市场经济。“新常态”的金融体系代表着更低的金融杠杆与更多的政府干预的结合。

专栏3-1：

经济新常态的内涵和特点

经济新常态是党中央对我国经济发展阶段的重大战略判断。经济发展进入新常态，实质是我国经济发展已经进入高效率、低成本、可持续发展的中高速增长阶段。

从速度层面看，经济增长速度从高速增长转为中高速增长，经济增长的质量和内涵发生质的变化；从结构层面看，经济结构发生全面深刻变化，不断优化升级；从动力层面看，经济发展从要素驱动、投资驱动转向创新驱动；从风险层面看，生态环境和一些不确定性风险将进一步显现。新常态，新阶段，发展仍是第一要务，积极适应经济新常态，重点在落实好六个“抓”，即抓稳定增长，确保经济运行总体平稳；抓转型升级，增强产业发展后劲；抓区域协调发展，优化经济发展空间格局；抓创新支撑，形成新的增长动力源泉；抓改革开放，构建开放型经济新体制；抓民生改善，挖掘经济持续发展的可靠潜力。

经济新常态是我国经济发展“三期叠加”的表现结果，从而“三期叠加”成为我国经济运行的主要特征。顾名思义，三期叠加就是经济发展同时进入三种时期，一是经济发展速度换挡期，即从经济高增长时期转入经济中高速增长时期，这是因为经济发展不可能一直保持高速或者低速，到一定时期要换挡，这是经济发展客观规律。二是结构调整阵痛期，是加快经济发展方式转变的主动选择。为了化解过剩产能，优化产业结构，一些行业难免受到较大冲击，有些企业甚至会退出市场，这些不得不付出的代价就是结构调整中的“阵痛”。

也就是我国对经济结构进行调整势必会扯动整个经济行业，不可能一蹴而就，势必会引起经济发展的阵痛。三是前期刺激政策消化期，这是我国化解多年来积累的深层次矛盾的必经阶段。就是以前的一些政策对经济产生的后续影响不断累计，到现在需要时间来化解这些积压的矛盾，即消化期。2008 年国际金融危机爆发后，我国政府及时采取拉动内需和产业振兴等一揽子刺激政策，推动经济增长迅速企稳回升，从 2008 年年底到 2011 年年初，刺激政策产生了良好效果，中国经济率先走出危机阴影，也对世界经济起到了“压舱石”的作用。这是非常时期的非常政策所产生的红利。从 2011 年第二季度开始，经济增速逐级回落，虽然刺激政策逐步退出，但政策的累积效应和溢出效应还在发挥作用，对经济结构继续产生深远影响，也使当期宏观政策的选择受到掣肘，调控余地大为缩小，可以理解为进入了前期刺激政策的消化期。

2. 中国经济进入中高速寻底发展阶段。

根据国家权威人士的综合判断，我国经济运行不可能是“U”形，更不可能是“V”形，而是“L”形的走势。这个“L”形是一个阶段，不是一两年能过去的，中国经济将会在相当长时期内保持“L”形走势。

这就表明，未来几年内，总需求低迷和产能过剩并存的格局难以出现根本改变，经济增长不可能像以前那样，一旦回升就会持续上行并接连实现几年高增长。虽然如此，我国经济潜力足、韧性强、回旋余地大，即使不刺激，速度也跌不到哪里去，我们对中国的发展前景应该充满信心。

改革开放以来，我国经济开始加速分化，在此过程中，涌现出一批有活力的地区、有竞争力的行业企业、叫得响的知名品牌。国际金融危机后，世界经济分化加快，我国进入新常态，国内的经济分化进一步加剧。在可预见的未来，在经济分化中，我国将不断冒出更有活力的地区、更具国际竞争力的行业和企业，但有些地区、行业和企业日子也会越来越难熬。

（二）宏观经济政策走势分析

1. 财政政策走势。

财政政策是指政府通过对财政收入和支出总量的调节来影响总需求，使之与总供给相适应的经济政策。财政政策包括财政收入政策和财政支出政策，是由税收政策、支出政策、投资政策、财政信用政策、补贴政策等构成的政策体系。

专栏3-2：

财政政策的类型

财政政策可以划分为量入为出的财政政策、积极的财政政策、稳健的财政政策。其中，量入为出的财政政策主要包括减少财政开支，抑制需求，扩大社会总供给；积极的财政政策主要包括扩大财政支出，刺激需求、增加国债、扩大财政赤字；稳健的财政政策主要包括松紧适度，着力协调，放眼长远，即控制赤字、调整结构、推进改革、增收节支。

2015年中央经济工作会议对2016年财政政策的定调为“加大积极的财政政策力度，实行减税政策，阶段性提高财政赤字率”。2017年以来我国财政政策呈现新特征：一是，从“积极”到“积极有效”，更加“积极”，表现在2017年财政政策继续实施了减税降费政策，进一步减轻了企业负担，赤字率仍保持在3%的水平，赤字规模随国内生产总值增长而相应增长、适度扩大；更加“有效”，表现在2017年财政政策更加注重发挥“结构性”优势，突出了保障重点，提高了支出的有效性和精准度。二是，从“需求侧总量”调控到“供给侧结构性”调控，2017 年财政政策已经明显侧重“供给侧”，而从“十二五”时期至今，积极财政政策实际上逐步实现了从侧重“需求侧”到侧重“供给侧”的转变。

2. 货币政策走势分析。

货币政策的含义是指政府为实现一定的宏观经济目标而通过中央银行对货币供应量、信贷量、利率等进行调节和控制而采取的政策措施。包括信贷政策、利率政策和外汇政策组成的政策体系。我国货币政策的目标是保持货币币值稳定，并以此促进经济增长。

专栏 3－3：

货币政策的类型

货币政策可以划分为适度从紧的货币政策（紧缩性）、扩张性货币政策、稳健的货币政策。其中：

适度从紧的货币政策（紧缩性政策）主要包括提高利率、增加储蓄、提高存款准备金率、减少货币供应量、控制货币信贷、抑制投资和消费。

扩张性货币政策主要包括降低利率、减少存款储蓄、降低存款准备金率、增加货币供应量、刺激投资和消费。

稳健的货币政策主要包括合理控制货币信贷总量，既要支持经济发展，又要防止通货膨胀和防范通货紧缩的风险；既要坚持控制投资需求膨胀，又要努力扩大消费需求；既要对投资过热的行业降温，又要着力支持经济社会发展中的薄弱环节，促进国民经济的平稳较快发展。

在党中央、国务院的正确领导下，2017 年的货币政策保持稳健中性，取得了较好的政策效果，在金融体系稳步去杠杆的同时，有力促进了我国经济平稳健康发展，稳定了市场预期。银行体系流动性基本稳定，货币信贷平稳增长，金融对实体经济的支持力度较为稳固，稳杠杆初见成效。

2018 年 3 月，国务院总理李克强在作政府工作报告时指出，稳健的货币政策保持中性，要松紧适度。2018 年 8 月 10 日，央行发布《2018 年第二季度中国货币政策执行报告》，为下半年的货币政策定下了基调，央行强调，稳健的货币政策要保持中性、松紧适度，把好货币供给总闸门，坚持不搞“大水漫灌”式强刺激，根据形势变化预调微调，注重稳定和引导预期，强化政策统筹协调，为供给侧结构性改革和高质量发展营造适宜的货币金融环境。

3. 对收费公路投融资的影响。

一是财政将加大对收费公路的投资力度。近年来，地方政府不断加大对收费公路的支持力度，除安排一般预算资金外，主要是通过发行收费公路专项债券进行融资。2017 年，地方政府收费公路专项债券试点发行，发行规模超过 400 亿元。2018 年各省积极推进地方政府收费公路专项债券发行工作。未来，地方政府收费公路专项债券将成为地方政府发展收费公路的唯一融资渠道，发行规模将会越来越大，使用也会越来越规范。

二是人民币全面降准有利于增强交通行业获得贷款的容易程度，特别是在房地产投资增速下滑，需要积极财政政策配合支持基础设施投资增长拉动经济的情况下，未来收费公路发展将会较当前更容易获得金融机构贷款。

三是资本市场的繁荣发展可为交通运输行业提供更好的融资支持，收费公路专项债券、交通资产证券化等渠道有利于化解交通债务风险、降低交通融资成本。

（三）供给侧结构性改革及其影响

2015 年度中央经济工作会议指出，推进供给侧结构性改革，是适应和引领经济发展新常态的重大创新，是适应国际金融危机发生后综合国力竞争新形势的主动选择，是打造经济升级版的必然要求。自 2015 年年底提出供给侧结构性改革以来，取得了明显成效，为高质量发展提供了良好的市场空间、效益基础、动力来源和制度环境。

1. 供给侧改革的含义。

供给侧结构性改革就是用改革的办法推进结构调整，减少无效和低端供给，扩大有效和中高端供给，增强供给结构对需求变化的适应性和灵活性，提高全要素生产率，使供给体系更好适应需求结构变化。

供给侧改革实质上就是从提高供给质量出发，用改革的办法推进结构调整，矫正要素配置扭曲，扩大有效供给，提高供给结构对需求变化的适应性和灵活性，提高全要素生产率，更好满足广大人民群众的需要，促进经济社会持续健康发展。

2. 交通运输供给侧改革的重点。一是降低成本。

要畅通物流大通道，建设综合交通枢纽，发展多式联运，提升物流效率。要降低制度性交易成本、降低服务性交易成本，推动降成本。要推动企业加强管理，提高效率、提高效益，还要打通信息的孤岛，实现信息的共享。另外，还要鼓励“互联网＋交通”等新领域、新业态的发展。通过这些措施，能够有效推动物流降成本。二是补基础设施的短板。继续加大固定资产投资的力度，加强农村公路建设，加强交通扶贫脱贫攻坚，以贫困地区为重点，大力推进乡镇、建制村通硬化路的建设，力争到2019年实现所有具备条件的建制村通硬化路。三是补服务的短板。一是补政府服务的短板，主要是简政放权、强化服务、改善监管。二是补交通服务的短板，主要是提升供给的品质。重点支持50个城乡交通运输一体化示范县的建设，建设改造400个普通国省干线公路的服务区，打造一批特色突出的旅游风景道路示范工程，还要建设一批公路和水运的品质示范工程。此外，还要抓紧细化完善一系列政策措施，鼓励“互联网+交通运输”、通运航空、邮轮游艇、交通旅游融合发展等项目，为大家创造良好的环境，促进交通运输新领域、新业态的发展。

3. 对收费公路投融资的影响。

第一，建立长期限、低收费的收费公路发展机制。从降低物流成本看，通行费在物流成本中占有相当的比重，是有效降低物流成本的重要领域。我国发展收费公路主要是通过收取车辆通行费偿还债务，当前阶段及未来一段时间里，由于我国财政收入尚无法有效提高对收费公路的投资规模，发展收费公路仍然需要大比例地举借债务。并且，未来需要建设的收费公路主要集中在中西部地区，经济效益较差，要想在现有的收费公路政策下保障债务偿还，车辆通行费收费标准将无法下降，需要较大幅度地延长收费期限才能有效降低物流成本。这就要求，进一步修改完善收费公路管理政策，建立起长期限、低收费的收费公路发展机制，保障收费公路健康发展，促进物流成本有效降低。第二，建设重点应集中在路网结构完善方面。从收费公路总里程看，截至2016年年底已经达到17.11万公里，其中一级和二级收费公路占比超过25%，与交通运输部提出的以高速公路为主的收费公路体系和以普通公路为主的非收费公路组成的两个路网体系建设目标尚有一定的差距，一级和二级收费公路不应成为收费公路的主要组成部分，未来应当发展以高速公路为核心的收费公路体系。高速公路因其建设成本高，未来融资将面临一定的困难。从路网结构完善情况看，省际断头路仍然是制约公路交通基础设施先导性、基础性作用发挥的主要因素，需要中央部门在其中发挥调节作用，尽快解决省际断头路问题。

（四）国家金融监管政策及影响分析

1. 国家融资平台清理及监管的影响。

为防止债务风险，2010 年以来，国务院有关部委密集出台了一系列政策文件，各类融资平台进行了规范和清理。起初清理范围限于各类融资平台公司，后来范围扩大到政府性融资平台，对我国公路发展尤其是收费公路建设投融资产生了巨大和深远影响。

（1）地方政府融资平台的定义和范围界定。对地方政府融资平台的定义及其范围界定，主要体现在国家出台的三个政策文件中：一是国务院《关于加强地方政府融资平台公司管理有关问题的通知》（国发〔2010〕19 号）；二是财政部《关于贯彻〈国务院关于加强地方政府融资平台公司管理有关问题的通知〉相关事项的通知》（财预〔2010〕412 号）；三是银监会《关于切实做好 2011 年地方政府融资平台贷款风险监管工作的通知》（银监发〔2011〕34 号）。

2010 年国发〔2010〕19 号文的界定，地方政府融资平台公司指由地方政府及其部门和机构等通过财政拨款或注入土地、股权等资产设立，承担政府投资项目融资功能，并拥有独立法人资格的经济实体。

2010 年财预〔2010〕412 号文的界定，融资平台公司是指由地方政府及其部门和机构、所属事业单位等通过财政拨款或注入土地、股权等资产设立，具有政府公益性项目投融资功能，并拥有独立企业法人资格的经济实体，包括各类综合性投资公司，如建设投资公司、建设开发公司、投资开发公司、投资控股公司、投资发展公司、投资集团公司、国有资产运营公司、国有资本经营管理中心等，以及行业性投资公司，如交通投资公司等。

2011 年银监发〔2011〕34 号的界定，地方政府融资平台是指由地方政府出资设立并承担连带还款责任的机关、事业、企业三类法人，不含由中央政府直接投资设立的部门和机构。

从以上三个政策文件有关地方政府融资平台的范围界定情况看，国务院和财政部的界定范围为各类企业法人，而银监会的界定范围除了企业法人外，还将机关、事业单位纳入了监管的范围。即银监会的界定范围更加宽泛。从近几年的政策实施效果来看，对交通行业影响较大的是银监会出台的相关监管政策。

（2）融资平台清理的政策要点及影响。

政策要点一：关于“名单制”管理和审慎退出原则。银监会各年度出台加强地方政府融资平台贷款风险监管的指导意见明确要求，将融资平台（包括机关、事业、企业三类法人）纳入“名单制”管理信息系统并及时更新信息，对纳入“名单制”的融资平台实施较为严格的监管措施和审慎退出原则。而要退出“名单制”则设定了严格的条件和程序，其核心条件主要有三个：一是必须是企业法人，二是资产负债率在 70% 以下，三是自身现金流 100% 覆盖贷款本息。

从近几年政策实施的效果来看，交通行业的个别企业融资平台经过整改，退出了“名单制”监管。但由于银监部门对退出类平台实行动态监测制度，对已经退出的融资平台事实上并未给予较为宽松的放贷政策。

政策要点二：关于新增贷款。银监会出台的各项政策中，对纳入“名单制”监管的融资平台的新增贷款均设置了严格的条件。《关于加强 2013 年地方政府融资平台贷款风险监管的指导意见》（银监发〔2013〕10 号）对融资平台新增贷款继续实施严格的控制政策，包括新增贷款的条件、投向以及审批等方面。对融资平台新增贷款设置了六个前提条件，其核心条件为：一是资产负债率低于 80%，二是自身现金流全覆盖。

近年来，各地交通运输部门，适应政策变化影响，积极主动采取措施加强平台整改，最大限度地争取银行信贷支持。在降低资产负债率方面，采取了交通资产价值重新评估、资产剥离等措施，有效降低了融资平台的资产负债率。在提高现金流方面，采取了落实财政资金的还款来源、充实抵押担保、延长还款期限（“短改长”）等措施。

政策要点三：关于借新还旧。《关于加强 2011 年地方政府融资平台贷款风险监管的指导意见》（银监发〔2011〕14 号）规定：对于到期的平台贷款本息，不得展期和贷新还旧。《关于加强 2012 年地方政府融资平台贷款风险监管的指导意见》（银监发〔2012〕12 号）提出：对不能落实资金来源、可能造成还款违约和存在以贷还贷问题的，要及早采取处置措施。银监发〔2013〕10 号提出：对于不能按方案落实资金来源、未能按期偿还到期贷款或存在以贷还贷问题的，各银行要立即向监管机构报告，并及时与地方政府进行沟通，采取措施及时处置，避免出现重大违约事件。从以上政策文件看，对融资平台的“贷新还旧”行为是明确禁止的，并呈现不断趋紧的趋势。

事实上，从禁止“借新还旧”之初，交通行业各类融资平台就从来没有终止过“借新还旧”。只是，政策出台后“借新还旧”的形式发生了变化，即从原来直接的“借新还旧”转变为项目之间交叉“借新还旧”、流动资金贷款与项目贷款之间的“借新还旧”，以及不同银行间的“借新还旧”。

从整体来看，“借新还旧”是维持当前交通行业的资金流不断裂、化解债务风险的重要手段和措施。当前全国公路通行费收入在满足偿还债务利息需要的基础上，大部分用于新建项目资本金，债务本金基本上是依靠“借新还旧”的方式予以解决。

2. 规范金融企业对地方政府和国有企业投融资行为及其影响。

2018 年 3 月，财政部印发了《关于规范金融企业对地方政府和国有企业投融资行为有关问题的通知》（财金〔2018〕23 号），旨在规范金融企业对地方政府和国有企业投融资行为，与地方政府债务管理等政策形成合力，共同防范和化解地方政府债务风险。

（1）主要内容。一是关于总体要求和审查重点。要求国有金融企业严格落实《预算法》等要求，在支持地方发展建设过程中，规范投融资行为。明确国有金融企业应加强“穿透式”资本金审查，并审慎评估融资主体还款能力，确保自有经营性现金流覆盖应还债务本息。二是关于投资基金、资产管理、PPP 等重点领域风险防控。要求国有金融企业在与地方政府合作设立投资基金、开展资产管理和金融中介业务，以及参与 PPP 项目融资时，不得为地方政府违法违规或变相举债提供支持。要求政策性、开发性金融机构和政府性融资担保机构按照市场化方式运作。同时，明确国有金融企业不得对地方政府统一授信。三是关于财务、资本管理要求和绩效评价。明确国有金融企业应严格执行出资管理、财务管理和产权管理有关规定，防范财务风险和国有资产流失。要求国有金融企业积极配合整改。对于违法违规提供融资的，下调金融企业绩效评价等级。同时，明确了财政部门的监督检查职责。

（2）对收费公路投融资的影响。一是断绝地方政府违规举债的资金来源并规范融资行为。主要规范国有金融企业，但也明确规定其他金融企业参照执行，下一步地方政府的融资模式改革将因传统模式资金来源受限而得到进一步推动。二是有利于打破对政府信用背书的“迷信”，一方面可以减轻政府对于融资行为承担偿债责任并损害政府信用的压力，另一方面也可促使市场主体更加关注融资项目自身从而理性投资。对于国有金融企业及各类市场主体而言，下一阶段如何变更投资模式及清理历史遗留的地方政府债务融资问题将成为工作重点。三是收费公路企业必须按照国家要求采取规范的融资模式，根据自身实际情况规划和参与收费公路项目的投资建设和运营。

第四章　国外收费公路投融资经验借鉴

公路作为重要的基础设施，大量的资金投入是世界各国都需面对的问题。各国公路建设的投融资政策、资金来源与运用各有特点，其中一些成功的经验，值得我国在收费公路建设和管理中借鉴。

一、美国收费公路发展现状及政策

（一）美国收费公路的发展历史

1. 早期的收费公路。

美国独立战争后，联合政府意识到西部开发和发展贸易对新国家的重要性，由此开始了公路大建设、大发展的时代，这一时期以收费公路公司的发展为标志。1792 年，美国第一条收费公路开始建设，即著名的宾夕法尼亚州费城至兰开斯特收费公路，也是美国第一条由碎石铺设的公路。在收费公路发展的高潮时期，康涅狄格州有 50 多家收费公路公司，纽约州有 67 家，其他的分布在马萨诸塞州等地区。其中著名的波士顿至纽伯里波特收费公路，全长 32 英里，建设成本为 1.25 万美元/英里。

2. 联邦政府支持公路发展。

随着社会经济的发展，对改善公路条件的需求不断增长。1806 年，联邦政府通过立法批准为国家公路建设提供资金支持。在此时期，公路为国家社会经济发展提供了有力支撑。然而，随着重武器的运输和全国范围内的人员大量流动，公路需求紧张的状况又开始显现，并且由于当时的公路均为碎石铺设，凹凸不平、雨季泥泞不堪。

到 19 世纪 80 年代，随着人们对自行车使用的增多，由全国自行车俱乐部发起了一场“好路运动”（即“Good Roads Movement”）。此外，随着汽车的出现，对改善公路条件的呼声不断提高。为适应这一发展趋势，联邦政府于1893年成立了公路调查办公室（The Office of Road Inquiry），主要负责数据收集、掌握需求以及为改善公路条件提供支持。后来，该机构协助为公路建设筹资，即联邦政府投资公路的开端。不久，就形成了联邦、州和地方政府共同出资建设的局面，有力地促进了当时美国公路的快速发展。

3. 第一次世界大战后的收费公路发展。

第一次世界大战使人们认识到公路的重要作用，特别是在制造业中心地区。1921年，美国国会颁布了《联邦公路法案》，批准联邦政府为各州的公路建设提供资金支持。同时，也意识到有必要对全国范围内公路系统进行有效连接。到20世纪20年代末，超过一半的美国家庭拥有了汽车，特别像纽约、洛杉矶和旧金山等大城市，对公路、桥梁、隧道的需求非常大。因此，通过征收通行费筹资的做法应用到了很多公路建设项目上。例如：纽约市的荷兰隧道收费项目在20世纪20年代中期竣工通车，打通了通往纽约市中心的路线，被称为“世界第八大奇迹”。20世纪30年代，旧金山市建设的金门大桥收费项目，为跨越海湾进入旧金山市打开了通路。

4. 第二次世界大战后高等级收费公路的发展。

第二次世界大战使人们对公路的重要作用有了新的认识，即公路系统具有的重要国防作用。第二次世界大战结束后，美国城市郊区的汽车使用量不断增加，汽车使用不仅包括工作出行，还包括社会活动和休闲度假。第二次世界大战结束后不久，一些州认识到需要建设高等级的公路系统。宾夕法尼亚州首先成功地建设了高等级收费公路。在1945年到1955年的10年中，许多州（主要是美国北部和东部地区）开始建设辖区内的大通道公路收费项目。

5. 收费筹资机制叫停。

早在第一次世界大战初期，联邦政府出于军事的需要，就开始研究了建设横跨全国的高等级公路的可行性问题。高等级公路建设的资金来源，一种选择就是征收通行费。然而，1956 年国会颁布的《联邦资助公路法案》，采用的却是通过税收制度而不是收费机制为州际公路建设筹集资金。随后有关公路收费的建议均被叫停了。1963 年启动了法案颁布前规划的最后一批收费公路项目。

6. 收费理念的重新提出。

到 20 世纪 80 年代，经过一段时期的大量使用，国家公路系统显现出老化的迹象。社会公众开始担忧，美国在公路建设和维护方面是否已经落后了，并提出了几种看法：一是认为车辆购买和使用的大量增加造成的；二是认为政府根本就没有足够的资金用来维护公路，因为政府不能持续增加税收；三是认为公路项目到了设计寿命末期而自然损坏的，因为公路建设的高峰期是在 1960 年至 1980 年间。这些担忧是重新提出公路收费理念的一个重要原因。

再次提出收费理念的另一个原因是：识别车辆身份、记录和存储车辆信息的电子技术得到广泛应用，并且这种技术能够支撑公路收费的有效实施。电子收费（ETC）能够大大降低公路收费的管理成本。而且，ETC 不需要停车，能够避免收费亭收费方式带来的排队拥堵，进而减少车辆的运行成本，直接使社会公众受益。社会公众对 ETC（具有便捷、准确、公平、保护隐私等特点）的熟悉和接受，非常有可能在不远的将来，使收费方式再次更广泛地应用到公路项目中。当然，技术应用也需要成本，如在增加各种技术之间的兼容性方面还有许多工作要做。但困难终将能被克服。

此外，收费的理念也正在从其他角度被提出。如某些社会群体提出，现行由政府部门提供的产品和服务也能由私人部门提供，并且更有效率。目前，公路基础设施被认为是私人资本愿意投资的领域，如果能够通过收费提供投资补偿。随着私人资本投资公路的政策环境逐渐宽松，一些大型工程建设管理企业认为：一个潜在的公路建设市场是存在的，只是尚未得到有效开发。现行政策准许各州将工程设计或工程建设承包给私人部门完成，对联邦投资项目，则需要满足一定的条件。然而，一些私人企业提出他们愿意以更有效率的方式（如同步设计与施工）投资整个项目。此外，一些私人企业认为他们投资、建设、运营整体项目的时代已经到来了。

这类社会群体似乎是建议，公私合作将是未来国家公路系统建设运营的一个重要筹资手段。PPP 模式作为一种有关公路设施筹资、建设、运营、维护的协议关系，将是未来公私合作的一个不错选择。私人资本能够在多大程度上成为公路投资的主力军，取决于公私合作清除现行制度障碍的能力。

（二）美国收费公路的发展现状

美国公路按功能可划分为干线公路（arterial）、集散公路（collector）和地方公路（local）三类，每类公路又可细分为主要公路和次要公路。按地理区域可划分为农村地区公路和城市地区公路，各自按功能可再细分为干线公路、集散公路和地方公路。

1. 公路网状况。

2016 年，美国全国公路总里程 666.6 万公路，其中，主干线公路 35.9 万公里（包括州际公路、其他高速公路、其他主干线公路），次干线公路 39.6 万公里，集散公路 30.7 万公里，地方公路 406.3 万公里。

农村地区公路里程为 471.4 万公里，其中：主干线公路 20.2 万公里（包括州际公路、其他高速公路、其他主干线公路），次干线公路 21.5 万公里，集散公路107.2万公里，地方公路322.5万公里。城市地区公路里程为195.1万公里，其中，主干线公路15.7万公里（包括州际公路、其他高速公路、其他主干线公路），次干线公路18.1万公里，集散公路23.5万公里，地方公路137.8万公里。

国家公路网在美国全国公路网中发挥着主骨架作用，对于国家经济社会发展、国防安全和机动性具有重要意义。国家公路网包括州际公路、国防公路、干线公路等，总里程约35.7万公里。州际公路系统作为国家公路网的核心组成，到2016年总里程达到7.8万公里，其中：农村地区4.7万公里，城市地区3.1万公里（见表4－1）。

表4－1　　美国公路里程情况

按功能划分	联邦资助公路					非联邦资助公路	总计
	国家公路系统			其他	合计		
	州际	其他	小计				
一、农村地区							
州际公路	4.7	0.0	4.7	0.0	4.7	0.0	4.7
其他高速公路	0.0	1.0	1.0	0.0	1.0	0.0	1.0
其他主干线公路	0.0	14.0	14.0	0.4	14.4	0.0	14.4
次干线公路	0.0	0.4	0.4	21.1	21.5	0.0	21.5
主集散公路	0.0	0.1	0.1	65.5	65.6	0.0	65.6
次集散公路	0.0	0.0	0.0	0.0	0.0	41.6	41.6
地方公路	0.0	0.0	0.0	0.0	0.0	322.5	322.5
小计	4.7	15.6	20.3	87.0	107.3	364.1	471.4
二、城市地区							
州际公路	3.1	0.0	3.1	0.0	3.1	0.0	3.1
其他高速公路	0.0	1.9	1.9	0.0	2.0	0.0	2.0
其他主干线公路	0.0	9.9	9.9	0.8	10.6	0.0	10.6
次干线公路	0.0	0.4	0.4	17.6	18.1	0.0	18.1
主集散公路	0.0	0.1	0.1	20.7	20.8	0.0	20.8
次集散公路	0.0	0.0	0.0	2.7	2.7	0.0	2.7
地方公路	0.0	0.0	0.0	0.0	0.0	137.8	137.8
小计	3.1	12.4	15.4	41.9	57.3	137.8	195.1
合计	7.8	28.0	35.7	128.9	164.7	501.9	666.6

2. 收费公路状况。2015 年，美国全国共有收费公路总里程达 9 469.9 公里，比 2013 年增长 2.4%。其中，州际系统公路 5 306.2 公里，州际系统桥梁、隧道 198.4 公里，分别比 2013 年增长 -0.1% 和 8.4%；非州际系统公路 3 638.4公里，非州际系统桥梁、隧道 326.9 公里，分别比 2013 年增长 5.9% 和 2.3%（见表4-2）。

表4-2　　美国收费基础设施情况　　单位：公里

年份		2005	2007	2009	2011	2013	2015
收费桥梁和隧道	州际	171.0	171.0	171.0	173.0	183.1	198.4
	非州际	350.0	294.0	284.0	286.7	319.7	326.9
	小计	521.0	465.0	455.0	459.7	502.8	525.3
收费公路	州际	4 500.0	4 682.6	4 822.4	4 970.9	5 311.4	5 306.2
	非州际	2 953.7	3 121.9	3 192.7	3 206.6	3 437.1	3 638.4
	小计	7 453.7	7 804.5	8 015.1	8 177.5	8 748.5	8 944.6
合计	州际	4 671.0	4 853.6	4 993.4	5 143.9	5 494.5	5 504.6
	非州际	3 303.7	3 415.9	3 476.7	3 493.3	3 756.8	3 965.3
	小计	7 974.7	8 269.5	8 470.1	8 637.2	9 251.3	9 469.9

（三）美国现行收费公路发展政策

1. 联邦政策。

根据美国法典（第23卷公路篇）规定，在联邦公路项目中，准许各州或其他政府机构，可以通过征收车辆通行费的方式，为州际公路建设、改扩建、提升使用效率以及节能减排等筹集资金。目前，联邦批准能够收费的项目包括：高速公路示范项目，高乘载车辆设施，州际公路改扩建试点项目，州际公路建设收费试点项目，法律规定的其他项目，拥堵定价试点项目。

高速公路示范项目。根据美国《空气清洁法案修正案》（The Clean Air Act Amendments）规定，在空气质量未达标（或保持）地区，选择部分项目通过收费实现节能减排目标。同时，收费也为一些因实现缓解拥堵目标而增加车道的州际公路项目筹资。

联邦运输部准许各州自2009年始，对符合条件的15个示范项目（包括州际公路、桥梁、隧道）进行收费。准许收费的项目要实现下列目标之一：（1）采取根据不同时段（或交通状况）采用可变定价的收费方式，管理交通拥堵；（2）在空气质量未达标（或保持）地区，减少废气排放；（3）为缓解交通拥堵，对新建项目（州际公路、桥梁、隧道及其他设施），或现有项目的改扩建进行筹资。合格的示范项目应当符合以下要求：为实现节能减排，高乘载收费车道必须采取可变定价方式，非高承载收费车道可选择可变定价方式；乘载2人以下车辆可驶入实施可变定价的高乘载收费车道；实施不停车收费的高速公路车道；通行费收入必须用于债务偿还、私人资本的合理回报、养护和管理支出以及法律规定的其他用途。

高乘载车辆设施。2005年开始实施的*SAFETEA-LU*法案，进一步完善了有关高乘载车辆设施管理规定，允许各州建设高乘载收费车道，特别是允许各州对不符合乘载规定的车辆驶入高乘载车道时进行收费。高乘载收费车道的建设，既适用于州际公路项目、也适用于非州际公路项目，同时对项目的数量和州的数量均没有限制。如果各州要想在高乘载车道上对高乘载车辆实施适度收费，则必须要经过联邦的批准。

州际公路改扩建试点项目。*SAFETEA-LU*法案延续了TEA-21法案的最初做法，允许最多对三个州际公路改扩建项目（包括桥梁、隧道），通过征收通行费的方式筹资，弥补现有资金的不足。这三个项目必须分属不同的州，且没有其他资金来源。

州际公路建设收费试点项目。与改扩建试点项目一样，*SAFETEA-LU*法案允许通过征收通行费的方式，为最多三个州际公路新建项目筹资。每一个项目可能有众多的州提出申请，但每个提出申请的州必须要论证收费融资是建设此项目最有效率而且是最节约成本的方式。获批的州不能与私人投资者签订非竞争协议，即不能通过协议阻止政府扩充收费项目周边公路的通行能力，以此阻止交通量从收费项目向周边公路转移。

法律规定的其他项目。除上述项目可收费以外，美国法典（第23卷129节）规定，可在下述三类项目中实施收费：（1）州际公路之外的原本收费的项目（包括公路、桥梁、隧道）及其连接线；（2）现有收费项目的改扩建、路面铺装等；(3) 免费的公路、桥梁、隧道（州际公路除外）经改扩建后转变成收费项目。

如果联邦的资金用于了收费项目的建设，或者州计划将原有联邦资金投入的免费项目、通过改扩建而转变为收费项目，则必须按法律规定签署收费协议。法律对收费协议的数量没有限制。

拥堵定价试点项目。最初是由 *ISTEA* 法案（1991 年）创立的。*SAFETEA-LU* 法案（2005 年）对该项目进行修订和完善，并鼓励通过拥堵定价机制缓解交通拥堵状况。这是唯一一个联邦提供资金支持的有关收费工程的研究和应用项目。拥堵定价项目由联邦公路局与各州商定设置了 15 个试点，目前已经运行的试点项目有 14 个。每个试点涉及的州都安排了多个工程项目参加试点工作。

SAFETEA-LU 法案在 2005 ~ 2009 年的五年中，共安排了 5 900 万美元用于拥堵定价试点项目。2005 年安排了 1 100 万美元，其他年份每年为 1 200 万美元。目前，拥堵定价的理念已经被广泛接受和采用，而对其他的一些探索（如高乘载车道向高乘载收费车道的转换），联邦没有提供资金支持。

2. 地方政策和发展模式。

美国各州在收费公路政策的制定上，没有统一的模式。但各州的基本政策框架却是相同的，主要包括：建立政府管理机构，明确投资范围、目标和职责，投资实体的合法性，对发债和使用收费收入的批准，对制订和修订收费费率的批准，投资债券的收益能力；行政管理（审计、年报等），对资金使用的规定，债券持有人的权利和救济，投资实体的资产和债务状况；诉讼权限和地点，管理、维护的相关责任等。

在上述政策框架下，各州已实施了为数不少的收费公路项目。同时，各州在实践中发现：一个收费公路项目能够成功实施，更多地取决于与私人资本的合作情况。此外，随着私人投资和风险承担的不断增加，收费公路项目呈现出私有化的特征。原有的几种典型投资模式，也适应这一发展趋势而发生了显著的变化。

一般公路由州政府投资和所有。收费公路由州政府机构投资、运营和所有，利用通行费收入进行债务融资，如州政府通过发行免税债为项目提供资金或周转金。

在传统模式下，州政府机构虽然没有引入私人资本，但却为收费公路的进一步发展提供了可选择的投资管理结构，具体包括以下几种模式：

城市或县级政府管理模式。地方政府通过地方税和债券收入，为收费公路（桥梁）项目筹资。项目由地方政府所有，通行费收入由其自行支出。

地方政府机构管理模式。这种地方收费管理实体（很像独立的州政府机构）根据州法律创建，在财务上完全独立于地方政府。它们的首要职责是为其管理的项目筹集资金。

非独立的州政府机构管理模式。从本质上讲，这种机构只是州交通部门的一个财务上的延伸。该机构负责发债筹资，然后将债券收入和收费公路项目的运营管理，通过租赁协议转让给州政府。从州政府获得的租金用于偿还债务。

独立的州政府机构管理模式。州政府机构在财务职责（如收费费率的制定、债务偿还等）上具有自治性，也在一定程度上受州政府的控制、在发债时受州财经委员会的监管。州政府不为这种机构提供资金支持，机构独立承担债务偿还责任。

混合公私融资模式。这种模式通常是在政府的监管下，由地方政府机构为一个完全独立的项目实施的融资。在这种模式下，当项目的收费收入不足时，政府不提供资金补助。

公私合作模式。在这种模式下，私人部门负责项目的投资、融资、建设和运营；政府部门负责制定整体协议框架、项目前期投入或征地拆迁。

完全私人投资模式。在这种模式下，私人部门提供资本金和承担风险；项目融资通过政府发行纳税债券实现。

二、日本收费公路政策支持高等级公路发展

1952 年日本政府颁布《高等级公路建设特别法案》，决定针对国家高速公路及部分地方公路建立收费制度，作为筹集高等级公路建设资金的一种方式，主要用于弥补资金缺口、运营成本和偿还相关债务。

（一）道路公团建设管理收费公路

在收费公路发展初期，日本政府直接承担收费公路的建设任务。1956 年 4 月，日本道路公团成立，全面负责收费公路发展计划的实施（原由中央和各地政府管理的收费公路项目也同时移交给其管理）。随着城市化进程的加快和交通需求的迅速增长，日本又成立了一些公团来承担城市快速路的建设。1959 年设立了首都高速道路公团，1962 年设立了阪神高速道路公团，1970 年设立

本州四国联络桥公团。1970 年后，为建设和管理地方收费公路，地方道路公团也纷纷成立。从而形成了从国家到重要城市和地方的收费公路建设管理体系。

日本各道路公团各公团分工明确，其中日本道路公团主要负责建设和管理国家高速公路；首都高速道路公团和阪神高速道路公团，主要负责位于东京和大阪大都会以及周边地区的城市高速公路；本州四国联络桥公团，主要负责四国岛与本州之间的跨海通道；地方道路公团专门负责地方收费公路的建设和经营管理。

根据《日本道路公团法》，日本道路公团是以建设和管理收费公路为主要业务的特殊法人机构（成立之初由政府 100% 出资）。虽然它与私人法人一样具有自身的决策权，但其业务活动的基本原则（包括经营目标、经营范围等），都要由国家立法确定，其发展计划、预算、资金计划、收费标准等须由国家批准和监督执行。同时，国家赋予其免征法人税和政府担保债券等特权。公团的管理人员和职员都是公务员性质。

（二）道路公团制度暴露出的主要问题

道路公团建设高速公路的资金，主要来源于贷款和中央财政资金。道路公团的收费收入在扣除管理费等费用后划入还贷准备金，用于偿还贷款。此外，中央政府还对道路公团提供补贴，主要用于补贴道路公团的利息支出。但由于对道路公团缺乏有效的监督管理机制，导致投资规模不断膨胀、部分路段利用率很低甚至出现亏损。同时，由于道路公团的特殊性质，在运营管理上无视经济的合理性，缺乏成本控制意识，导致运营效率低下，道路公团制度的弊端逐渐暴露出来。

一是经营决策受利益集团左右，无法保证经济上的合理性。由于公团建设高速公路的资金主要来源于中央政府的财政投资和贷款，无须地方政府和当地居民负担。长期以来，各地方政府和地方选举出的国会议员都把为本地争取到高速公路项目作为重要的取悦选民的资本。在这种政治压力下，高速公路建设规划一再扩大，许多新建路线因利用率低而无法实现收支平衡。而公团通过采用交叉补贴方式来实现高速公路网的扩张，即不考虑单独路段的造价和交通量的大小，而是在整个路网实行统一的收费标准，用收益较好路段的收入补贴收益较差的路段。其结果，是随着亏损路线的增多整个高速公路网的收费水平相应提高，使日本的高速公路通行费率居于全球最高水平（约合每 100 公里 23 美元）。根据公团 2004 年公布的高速公路收支状况，运营中的 43 条线路中，收不抵支的有 23 条。

二是子公司及关联企业垄断高速公路相关业务，形成特殊的内部分肥机制。虽然公团受到有关法规的限制，不能随意设立子公司，名义上的子公司只有 4 家，但是公团利用其二级法人“道路厚生会”（员工的互助保险机构）设立了财团法人“道路设施协会”，再通过道路设施协会出资控制着 70 余家子公司。这些子公司及关联企业被称为公团的“家族企业”，垄断了高速公路的几乎全部相关业务，包括收取通行费、交通管理、维修、巡检、服务区的设施管理及商品销售等。有专家估计，如果把公团的外包业务在市场上公开招标，至少可以降低成本 30% 。

三是经营效率低下及暗箱操作。由于上述的原因，公团在经营上无视经济上的合理性，不断借入财政投融资资金建设新的线路。同时，公团财务管理没有遵循企业的财务管理原则，导致缺乏成本意识。对子公司等关联企业的业务外包等也没有做到公开透明。所有这些，自然导致经营效率的低下。

（三）道路公团民营化改革

为有效处理高等级公路庞大的存量债务，提高运营管理效率，道路公团开启了民营化进程。

1. 公团民营化决策过程。

小泉内阁诞生于2001年4月。小泉就任首相以来就开始大力推行其改革计划，主要包括邮政事业民营化改革、财政投融资改革和特殊法人改革。其中，对特殊法人提出了以撤销和民营化为主的改革方针，并于2001年6月下旬提出了在下一财政年度中将对特殊法人的财政出资及补贴由当年的5.3万亿日元削减1万亿的数量目标。这一决定受到了来自政府部门的强烈抵抗，在提交下一年度部门预算的概算时竟无一对所管辖的特殊法人的预算进行削减。正在此时，当年8月，从1996年开始对特殊法人，特别是道路公团问题进行了深入调研，受小泉首相之邀以民间身份辅佐行政改革担当大臣的知名作家猪濑直树向小泉首相提交了他起草的公团民营化改革方案。

按照该方案的设想，将道路四公团实行分割、民营化，实行高速公路的保有与运营分离（上下分离），全面冻结高速公路新线路的建设，这样国家每年投入道路公团的3 000亿日元财政资金就可以全部省下来，道路四公团合计38万亿日元的债务也可以在27～30年之内全部偿还。这一设想得到小泉首相的认可。从此时开始，小泉决定将公团的民营化改革作为特殊法人的突破口和攻坚战来对待。

经过与各方面政治势力的协商和妥协，2001年12月18日政府公布的《特殊法人等整理合理化计划》对公团改革作了如下的表述："撤销日本道路公团、首都高速道路公团、阪神高速道路公团、本州四国联络桥公团，关于取代四公团的新机构以及其财务平衡的确保等问题，由内阁中设置的第三方机构按照以下基本方针进行一体的探讨，于2002年中确定其具体内容。日本道路公团：（1）机构。新机构以民营化为前提，在到2005年度为止的集中改革期间内尽早设立。(2) 事业。从2002年度起不再投入财政资金。通过改变道路规格、引入竞争等手段降低事业成本。在以现行通行费为前提的偿债期间,以50年为上限,通过降低成本等尽量缩短。新机构的高速公路建设,将在对当时的交通需求和未来经济形势进行考量的基础上进行彻底的费用效益分析,从而决定优先顺序。其他线路的建设,例如以直辖方式的建设将在每年度编制预算时进行考虑。首都高速道路公团、阪神高速道路公团与日本道路公团同时实施同样的民营化。中央和地方政府之间根据责任分担各自负担相应的费用。本州四国联络桥公团与日本道路公团同时实施民营化。为了确实处理其偿债问题,以国家的道路预算及相关地方政府的负担进行处理,同时考虑运用通行费的问题。”上述提到的在内阁中设置的第三方机构,借鉴了1983年为审议日本国铁民营化问题而设置的国铁重建监理委员会的模式,名称定为“道路四公团民营化推进委员会”,拥有向首相及大臣提出劝告的权限。2002年6月下旬,该委员会正式成立,共由7名委员组成。其中,由于猪濑直树是对特殊法人持强烈批判态度的公众人物,“道路族”议员等势力曾力图阻止他进入委员会,小泉的人选确定采用了强行突破的手法,也代表了他的改革决心。

从委员会成立到当年底向首相提交意见书的半年时间内,委员会以每周两次、每次3小时的时间进行讨论和审议。

委员会在讨论民营化方案时,主要围绕以下一些问题展开了激烈的争论:既往的高速公路建设规划是否仍然继续执行;公团的债务处理是否应投入财政资金;高速公路通行费是否应当降价;高速公路的保有与运营是否应当分离,特别是是否应当允许民营企业收购高速公路资产;以及偿债年限等。委员会在经过了艰苦的内部协调之后,最后还是以表决的方式通过(赞成5、反对1、弃权1)了其意见书。意见书主要包括以下主张:(1)设立保有与偿债机构

（以下简称“机构”）继承高速公路资产及相对应的长期债务，从事运营的新公司从机构有偿租赁路产使用。（2）机构向新公司收取长期定额的路产租赁费，并全额用于偿债。（3）新运营公司以成立后10年为目标，收购机构所保有的路产，机构随之解散。新运营公司开始时为国有独资的特殊企业，但在收购路产之后将力争尽早上市。（4）为确保企业的合理规模和通过竞争培养成本与收益的意识，将全国按5个区域分割成立新运营公司。（5）在实施民营化的同时，将通行费平均降低10%。（6）新运营公司将根据自身的经营状况和投资合理性自主决定是否投资建设新线。其投资资金由公司自筹，不允许使用财政投融资资金。（7）新运营公司的外包业务实行彻底的市场开放，消除与“家族企业”的不正当关系，力争使管理成本降低30%。（8）道路四公团的民营化于2005年4月1日实施。

在接到委员会提交的意见书之后，小泉首相开始了与自民党、相关政府部门和国会等各派势力的旷日持久的磋商与协调，2003年12月22日，政府与执政党协议会制定的正式改革方案得以公布。与民营化委员会的意见书相比，政府方案向着有利于既定高速公路建设规划继续实施的方向做出了若干重大修正。主要包括：第一，将意见书主张的新公司自主决定是否投资建设新线改为“国土交通大臣与新公司协商决定，如协商未能达成一致则由社会资本建设审议会裁定”，从而维持了政府部门对投资决策的一定程度的控制。第二，将意见书主张的路产保有机构10年的存续目标期限变更为45年之后，而且取消了由新公司收购路产的相关表述，使“上下分离”永久化。第三，将意见书主张的通行费收入最优先用于偿债改为可以间接地用于新线路的建设。根据政府方案，原定9 342公里的高速公路建设规划（当时已建成7 301公里）中需要重新考虑的只有143公里。而且政府还表示，对于这部分将以高等级国道的形式由政府直接投资建设。对于这一结果，一般认为是“道路族”的彻底胜利，小泉首相只获得了民营化改革之“名”，而“道路族”则得到了继续推进高速公路建设之“实”。

2004 年 6 月 2 日，日本国会通过了道路四公团民营化法。根据该法规定，日本道路公团于 2005 年 10 月 1 日实现分割民营化，拆分为东日本、中日本和西日本三个高速公路股份有限公司。另外，首都高速、阪神高速、本州四国联络桥等 3 家公团分别改组为同名的股份有限公司。各公司的最高负责人均从民间经济界聘请。公团的原有资产和债务由与新公司同时设立的独立行政法人“日本高速公路保有·债务偿还机构”继承。至此，在 3 年时间中一直成为日本社会关注热点的道路公团改革终于尘埃落定。

2. 公团民营化的特点及主要成果。

从总体上看，日本高速公路民营化有如下特征：（1）立法先行，即在正式实施改革之前用大量时间建立相对比较完善的法律体系；（2）政府、机构和公司有明确的权利分工，政府的管制职能由国土交通大臣承担，与高速公路事业发展相关的具体事宜，包括资金注入、资产管理和对高速公路公司运营成本的监督则由独立行政法人承担，企业的经营权则在相关法律和协议中给予规定；（3）债务关系明确清晰。

公团民营化改革取得了如下的主要成果：一是实现了通行费平均降低 10%，而且通过废止预付优惠制度还可以再降低 10%；二是实现了日本道路公团的拆分，总体上成立 6 家民营化企业；三是大幅度降低建设与管理成本，原计划要继续投入 20 万亿日元修建 2 000 公里高速公路，变更为由民营化新公司投入 7.5 万亿日元修建 1 300 公里；四是实现了 45 年以内还清债务的法定化，债务偿还的最长期限定为从 2005 年算起的 45 年。另外，从开始提出民营化到最终方案确定只用了 3 年时间，比过去国铁和电信电话公社的民营化的进程都要快。

3. 相关收费还贷措施。

一是交叉补贴平衡收费费率。日本收费公路在发展初期，每条道路的收费费率均按照偿还道路造价的原则单独制定。1972 年，日本开始对国家高速公路系统的收费收入进行交叉补贴，各城市高速公路在所在地区的范围内独立进行交叉补贴。采用该方式的合理性在于：通过交叉补贴方式，可以用收益较好路段的收入补贴收益较差的路段，以便扩大路网规模。

二是建设资金主要源于政府投资及贷款。日本道路公团建设收费公路的资金主要来源于政府财政投资和贷款，这种方式在当今世界是独一无二的。日本政府还向日本道路公团提供补贴。由于利息必须以收费收入偿还，而补贴则不需要偿还，因而政府会灵活地改变这两种资金来源的比例。当利率升高时，政府就增加补贴；当利率降低时，政府就在两者间进行平衡，从而使道路公团所负担的利息始终能保持在一个较合理的水平上。

三是造价完全补偿政策。日本有关收费公路的立法明确规定了偿还原则，并把它作为确定收费费率的主要考虑因素。偿还原则是一种造价完全补偿政策，要求用户承担高速公路的全部费用，包括建设费用、取得公路用地的费用、运营和养护以及融资的费用等，从而使收费公路发展对政府财政的依赖程度最小化。目前，日本要求收费公路在偿还全部建设费用后转变为免费公路，对是否应这样做日本各界一直存有较大的争议。主张收费到期后继续收费的主要基于以下原因：养护和运营费用需求是持续的，未来仍有加宽道路和改善环境的需求，从整个路网系统的服务需求来看，利用收费政策可以保持其高速畅通。为了最有效地使用有限的公路资源，收费可以实现调节交通流量，起到类似拥挤收费的作用。目前，日本政府通过延长国家高速公路网的偿还期来减少收费费率的增长。偿还期从早期的25年到30年，逐步延长到了40年。

三、西班牙收费公路由特许经营公司管理

西班牙收费高速公路由特许经营公司管理。它的资金主要是国家投入的公共资本、国际国内贷款和特许经营公司自有资金。1973年的经济危机使西班牙政府对特许公司的管理发生了一些变化，成立了国家高速公路公司。该公司除接受私营特许公司外，还为政府直接参与收费高速公路提供了一个新的机制。通过新机制，国家和私营企业可以用共同参股的形式建立公私混合型的特许公司，使收费高速公路有效地获得国家预算的资助。另外，西班牙的收费公路非常重视发行债券的融资方式，其整个收费高速公路网1万亿比塞塔的总投资额中债券资金约占到41.2%。

在这种体制下建成的收费高速公路网里程，到1993年已达1 939公里，约占国家高速公路总里程的70%以上。建设这些收费高速公路的总投资已达8 830亿比塞塔。其各种资金来源的构成比例为：国内借款占6.1%；国外借款占52.7%，其中由国家担保的部分占6.8%，无国家担保的部分占45.9%，股本资金占41.2%。显而易见，西班牙在过去的收费高速公路大规模建设中大量利用了外国资本，而国家在其中所承担的风险却不大。国家担保的资金仅占借款总额的11.5%，国外借款总额的12.9%，总投资额的6.8%。

四、国外经验对我国收费公路发展的启示

（一）政府在收费公路发展中发挥根本作用

各国政府在公路基础设施的建设和管理中都担负着制定总体规划、实施宏

观调控和监督保障等重要职责，主导着公路建设和发展，这是由公路的公共基础设施属性所决定的。

各国政府将对高速道路和一般收费道路的建设、经营和维护，以特许经营方式授权给公路经营企业，尽管政府不直接参与企业的经营活动，但各国的相关法律法规都明确规定政府对收费公路具有行业宏观管理职责，各国都在政府部门中设立了专门的监督和管理机构，除制定收费公路建设的总体规划外，这种宏观管理作用还突出表现在：

建立相关的法律法规，明确政府和特许公路经营公司的责、权、利，约束和保障公司的经营活动；监督收费公路经营公司的经营活动，保证收费公路达到规定的建设标准和服务水平，并得到良好的维护；对收费年限调整、收费标准、公司财务预算、年度经营报告等实施审批制度，监督公司财务运行；当特许公路经营公司经营困难、发生危机时，政府有责任进行财政干预，使收费公路的运行和维护得到可靠的保证。

公路作为社会公共基础设施，其建设维护在世界各国都是政府的职责，其建设资金也以国家财政投资为主。尽管收费公路具有一定的可经营性，但它作为社会公共基础设施的基本属性没有改变，同样会产生很大的外部效益，它不同于一般的经营性项目，其收费价格必须经过政府审查，在具有很大投资风险的同时，投资收益却受到很大限制。因此，为了既能有效保护投资者利益，达到吸引民间投资的目的，又能降低公路使用者支出，提高公路的综合社会效益，各国政府都在资金筹措、风险分担、土地征用、税收等方面给予特许经营企业各种优惠条件，实行政策扶持。

在公路资金责任分担方面，一般由各级政府合作的方式建设各个层次的公路网络。通常中央或联邦政府负责国家公路干线系统的全部或90%（美国）

的建设资金，由省或州负责省级或州级公路的建设资金；地方政府负责地方公路建设的资金；同时，中央或联邦政府以向省或州政府提供资助的方式共同建设有重要意义的省级、州级公路；中央政府及省或州政府对地方提供各种方式的补助资金，资助地方公路的建设。

（二）以公路使用者税费提供资金保证

各国交通发展的实践证明，在交通基础设施大建设、大发展的特定历史时期内充足、稳定的资金来源是十分关键的。

公路使用者税是大多数发达国家公路资金的主要来源，一般占国家公路资金支出的70%，而在这其中燃油税又是首要税种，辅之以重车使用税、车辆牌照税、驾驶员执照税、车辆购置税、轮胎税等。其余不足部分（30%左右）主要由一般财政预算或收费公路所吸引的资金获得。

美国自1970年以来的40多年中，其各级政府的公路使用者税一直维持在58%~70%的范围之内。其中美国联邦政府的公路使用者税约占其公路资金的58%，在公路使用者税中，燃油税占80%。州政府的公路使用者税约占全部公路资金的60%，在公路使用者税中，燃油税也占60%。日本在近20年中，公路使用者税一直维持在78%~82%之间。

交通基础设施投资大、投资回收期长，完全依靠私人投资是不现实的，在公共财政框架下，政府在交通基础设施发展过程中必须发挥应有的角色。交通使用者税费的产生，与传统税收追求财政收入不同，更多的是追求“公平与效率”。

（三）直接融资成为市场化融资主渠道

与我国主要依靠贷款作为融资工具不同，由于资本市场较为发达，直接融资成为发达国家公路融资的主要渠道，其中，债券，尤其是长期债券占有很大比重。

以美国为例，发行公路债券是美国州政府和地方各级政府自公路建设之始至今最常采用的融资方式。美国公路债券分全面责任债券、有限责任债券和收益债券三种。全面责任债券完全依靠发券机构的名誉和信用作为担保，由于公路债券数额巨大，仅凭发券机构的名誉和信用无法保证持券人有安全感，因此这种债券较少采用；有限责任债券是以州和地方政府的燃油税等道路使用者税收作担保（1992 年《联邦公路法案》进一步规定允许州和地方政府拨款偿还贷款本息）；收益债券是以收费公路预期收益作为担保。后两种债券由于担保牢靠，又加之公路债券利率高于一般金融市场存款利率，并且联邦政府规定公路债券所获利息收入免交联邦所得税，取得了较好的融资效果。美国州政府和地方政府是公路债券的主要发行者。美国地方政府 1994 年发行公路债券筹资 32. 2 亿美元，占全国地方政府同期公路总资金投入的 9. 1%；美国州政府 1995 年发行公路债券 46. 7 亿美元，占全国州政府同期公路总资金投入的 6. 8%。不难看出，债券融资在公路建设中的重要作用。

在发达国家，交通基础设施建设在政府资金投入不足的情况下，基本上是以国家信用为基础，以低成本的债券融资为主，西班牙全国收费高速公路网 1 万亿比塞塔投资中，债券的资金就占到了 41. 2%。韩国公路债券已占到投资计划的 40% 左右。

（四）依托级差效益适当发展收费公路

在西方国家公路建设发展史上，收费制发挥着重要的作用。根据历史记载，在大约公元前 1950 年，就曾经出现过一条由亚述人建造、由叙利亚通往巴比伦的收费道路。在英国，从 1281 年开始对通过伦敦桥的车辆、行人以及船只收费；500 年后不列颠国会通过了一项法律允许各郡建收费门征收费用用于公路养护。1706 年收费信托机构开始建立，负责收费公路的筹资、建设、维护与经营。英国的工业革命使收费制得到较快的发展。到 1820 年为止，英国已拥有 32 000 公里收费公路，年收入超过 125 万英镑。从 19 世纪中叶开始，随着英国财政实力的不断提高，各地方政府逐渐替代了信托机构来履行公路修建与养护管理的职能，收费制度随之消失。

现代公路收费制度在 20 世纪后半叶在再次出现。一方面，是由于随着高等级公路建设与养护费用的不断增加，公路建设与养护资金相对短缺；另一方面，公共经济学也认识到公路尤其是高速公路通过通行费作为提供服务的代价更为公平，更有效率。

这是由于高速公路如果由税收支付，就会出现赋税的承担者与高速公路使用者难以严格对应（或者说界定成本很高），这就意味着税收是由另一部分人或者全社会来承担的，那么，这相当于一种转移支付，由缴税的群体资助使用高速公路的群体，这便存在着公平性的问题。在不收费条件下，由于高速公路存在级差效益，因而同等条件下公路使用者必然选择高速公路，从而获得油料节约、时间节约、舒适程度的增加等收益，然而高速公路高昂的修建维护费用势必通过政府税收转移到社会其他群体身上，这样相关纳税人将因高速公路使用者的“白搭车”而受到损害。尤其在我国当前经济社会快速发展阶段，社会保障事业尚不发达，需要加大投入部门很多，高速公路由于投资金额巨大，政府现阶段无力负担（或者说承担的机会成本很大），因而高速公路仍然需要规范地收费，从而体现社会的公平。在收费过程中务必贯彻“支付的意愿”这一原则，从而使高速公路使用者在降低运行成本、缩短运行距离、减少交通拥挤、节约运行时间等方面为使用者带来更理想的经济效益。这就意味着，收费应以高速公路的级差效益为上限。同时，有必要设置不收费的辅道或其他线路设施供使用者选择，以维护公路使用者的合法权益。

目前，采用通行费筹集公路建设、养护资金的不只是发展中国家，很多发达国家也将通行费作为高等级公路建设、养护的资金来源。意大利是世界上修建收费高速公路最早的国家，收费高速公路占高速公路总里程的 85% 。法国收费高速公路占绝大部分，只有 10% ~ 20% 的城市高速公路、城市间高速公路、连结主要港口及战略目的干线高速公路是由政府投资修建而不收费。日本的高速公路全线实行收取通行费的原则。美国部分高速公路也实行收费制度，欧洲的挪威、西班牙、瑞士、德国等也大都采取高速公路收费制度。公路通行费已经成为公路建设、维护的重要资金来源。

我国 1984 年公路收费制度确立后，通行费收入成为公路投资的重要渠道，在政府通过交通专项资金投入少量资本金后，主要依靠收费偿还贷款或者进行经营。公路收费制度实施以来，对于我国公路网络的完善，特别是高速公路从零公里跃居世界第一，发挥了不可替代的作用，然而由于过分依赖收费制度造成我国公路收费里程过长、收费站点过多、收费标准过高等问题，群众意见很大，物流成本居高不下，公路通行费政策负面影响逐渐显现。

究其实质，主要是在公路收费制度理应建立在高等级公路的级差效益的基础之上，这样才能保证社会福利的最大化。但目前制定公路收费标准是以偿还贷款为测算依据，由于财政投资缺位导致贷款总量偏大，加之收费年限被人为锁定为 20 ~ 30 年，收费标准偏高，特别是一些等级较低的收费公路出现了收费标准高于级差效益的情况，但由于其作为两地间唯一通道的垄断地位，不得不缴费通过，这些收费公路造成了全民总福利的下降，导致民怨较多影响了和谐社会建设；另一方面，对于高速公路特别是车流量接近饱和的公路收费其级差效益始终存在，有的还存在边际拥挤成本，对这些公路却人为地将收费期限设定在20～30年同样有损社会福利。因此，收费标准、收费年限必须根据级差效益以及边际成本合理确定，可以通过交叉补贴方式，在实现社会福利最大化的前提下有效地进行公路融资。

（五）以法律制度保障公路可持续发展

完善的法律制度是各国公路建设稳定资金来源的保障。多数发达国家都有严格的管理制度，以充分利用有限的资源发挥最大的效益，公路的规划、投融资、建设、运营、收益和监督管理方面都有一套完整和成熟的法律法规作保障。例如，美国在公路建设的资金筹措方面有《公路税收法》《联邦资助法》等；日本在筹资方面也有《道路建设特别措施法》《道路建设财源临时措施法》和《汽油税法》等。

各国还有相应的公路建设和养护管理数据库，注重公路全寿命成本管理。美国等国家对公路的主体工程（如路基、路面、桥涵等）要求较高，投资力度大，因此公路使用年限和维修周期长。另一方面，他们也很注意节省不必要的投资。例如，高速公路的路基一般都修得较低，许多立交都采用上跨式。绝大部分高速公路上并未每公里安装一部应急电话，大部分也没有交通监控设施，也没有埋设内外路缘石，中间隔离带不大于3米时，钢护栏只设1根立柱。服务区服务设施不求豪华或大而全，且多由其他公司投资建设或经营，这样就节约了很多费用。

为了规范收费公路的发展，保持政策连续性，明确政府、管理机构、出资人和收费公路经营公司各方的权利、责任、义务，明晰收费公路经营权的授予、终止程序和条件，各国都建立完善了一整套收费公路投资、经营、管理的法律法规体系。尽管各国采用的收费公路管理体制不尽相同，但都通过建立相应的法律法规，将收费公路规划、筹资、建设、经营、收费、服务、管理、监督的全过程纳入法律的制约和保障之下，从而保证了收费公路的健康有序发展。

如日本对于收费道路融资和管理除了有基本法外，涉及的各项收费和税收都有相关的法律规定。对于收费额、税收归属、税收分配、借贷还债都有明确的法律条文规定，这既能避免法律规定外的乱收费现象，又能对收费的各项程序和相关各方的权限及征收、分配、使用等进行规范，避免各权力部门职责交叉不清，相互间争权夺利，也保证了征收费用的正确、有效的使用。

第五章　国内高速公路和其他行业融资实践经验

一、国内高速公路融资经验总结

（一）加大财政资金支持

公路交通属于公益性事业，政府投入是职责本应之意。因而，各地交通运输部门都在积极向各级政府反映行业实际困难和问题，继续争取财政资金和政策支持。

1. 地方政府加大财政资金投入。

从2016年开始，云南省财政预算每年专项安排60亿元高速公路建设资金，政策执行年限与中长期规划年限保持一致。重庆市财政每年安排5亿元高速公路建设专项资金。贵州省财政以2008年筹资10亿元为基数，资金投入每年递增10%，专项用于省级高速公路资本金，累计投入上百亿元。

2. 积极争取政府债券支持。

2017年地方政府收费公路专项债券试点发行，截至目前实际发行规模累计超过1 100亿元，为地方政府收费公路发展提供了有力支持，其中发行规模最大的省份为浙江省，累计发行超过200亿元，约占全国实际发行总规模的10%。

3. 财政预借款和贷款贴息。

为了支持本地高速公路快速发展，各地政府都按照规定，合规合理地以财政预借款和贷款贴息等形式给予政策扶持。比如黑龙江省将还本付息、养护和建设资金全部回拨厅本级原账户，必要时预借财政资金，每年可增加上百亿元资金流。浙江省通过财政预算安排、周转、贴息等方式落实财政性资金。吉林省财政对省补地建项目，在建设期内按资本金的50%（总投资的10%）给予投资补助；对吉高集团通过银行贷款方式，筹集的省地共建项目建设资金按人民银行公布的当期基准利率给予运营期10年的贴息。

4. 交通税费返还和减免。

政府还贷收费公路每年缴纳的交通费用主要是水利建设基金费和交警经费，每年也占有经营支出的一定比例。目前，全国已经有10多个省份取消了这两项费用，从另一方面来讲，相当于增加了对政府还贷公路的财政投入。与此同时，一些省份为了支持公路交通的发展，对经营性收费公路上缴的各种税收实施先征后返的支持政策。甘肃省2014年返还3.5亿元建安营业税用于高速公路建设。海南省从2012年起高速公路缴纳的建安营业税予以返还，用于高速公路建设支出和还本付息，并从2015年起不再从交通资金中计提交警补助、军区预备役补助资金。安徽省财政对省三大交通融资平台缴纳的营业税和省本级留用的企业所得税予以返还。重庆市出台了针对公路水路建设的施工营业税、水利建设基金、耕地开垦费和森林植被恢复费的返还、减征或免征政策，并对高速公路通行费营业税实行返还政策。

（二）创新融资渠道吸引社会资本投资

在国家实施稳健货币政策、银行贷款规模受限的情况下，各地交通运输部门不断拓宽融资视野，创新金融市场融资渠道、吸引社会资本投资缓解融资难问题，效果显著。

1. 创新金融市场直接融资渠道。

自2014年以来，各省收费公路运营管理企业积极利用直接融资渠道开展市场化融资，主要金融工具包括企业债券、中期票据、短期融资券、信托融资、私募债、融资租赁等。

湖南省高速公路建设开发总公司2010～2016年上半年共发行企业债券223亿元；2017年发行短期融资券20亿元，发行4期超短期融资券，发行金额共计120亿元。吉林省高速公路集团有限公司“十二五”期间，中期票据融资79.7亿元，私募债券30亿元，企业并购夹层基金102.49亿元。

专栏5－1：

青海省首只高速公路项目企业债券

近年来，青海交通投资有限公司不断在拓宽融资渠道上主动作为，狠下苦功。从原有的银行贷款单一渠道逐步向资本市场迈进，先后在银行间市场开展了中票、短融、超短融、永续中票等多个品种的创新融资工作。此次由青海交通投资有限公司成功发行的高速公路建设项目企业债券，发行总额为18.8亿元，债券期限为5＋5年，债券利率5.9%，发行价格低于AA＋同类信用等级债项市场行情。该项债券是2017年全省发行规模最大的企业债券，也是青海省首次发行的交通基础设施类债券。本次债券发行工作自2012年12月启动至今历时5年，对今后利用直接融资助力交通建设、有效开展市场融资具有里程碑意义，标志着青海省在交通基础设施建设项目开展多元化市场融资方面取得了新突破。

2. 直接吸引社会资本投资。

自2014年9月以来，我国将PPP作为一项重要国家战略予以推广运用，旨在通过竞争性方式吸引社会资本充分参与到基础设施和公用事业领域中。各地交通运输部门积极探索、大胆尝试，针对不同类型交通项目，实践探索出不同类型的合作模式，运用的领域也是越来越广泛。在收费公路领域采用的合作模式包括“BOT + EPC”“BOT + EPC + 政府补助”“BOT + EPC + 股权合作”“BOT + EPC + 政府补助 + 运营期补贴”“BOT + EPC + 股权合作 + 运营期补贴”，此外还积极探索“普通公路 + 旅游资源”“枢纽场站 + 土地资源”以及普通公路和农村公路的政府购买服务等。各地在具体实践操作上根据现行 PPP 有关政策要求也是越来越规范，包括：将 PPP 项目进行“全生命周期预算管理”、按照社会资本“盈利而不暴利”原则设计投资回报机制、构建激励相容机制等。

3. 积极引入保险资金。

2014 年 8 月，太平人寿认购广东高速公路建设项目债权投资计划 5.5 亿元，累计认购总额为 7.5 亿元。2013 年 12 月，人保资本投资管理有限公司与湖南省高速公路投资集团有限公司签署 25 亿元“人保——湖南高速公路项目债权投资计划”，平安信托有限责任公司与湖南省高速公路建设开发总公司签署 21 亿元保险资金债权投资计划。2016 年 3 月，“人保—广东高速公路项目债权投资计划”最后一期 43 亿元资金顺利完成提款。至此，该项目 150 亿元资金全部到位，标志着人保资本成立至今单一最大金额债权投资计划圆满完成。该项目偿债主体为粤财控股，担保人为广东高速集团，募集的 150 亿元资金用于投资广东省“十二五”期间高速公路建设项目。

（三）探索利用相关收益和资产支持交通发展

在财政资金投入不足的情况下，一些地方政府积极探索交通发展外在收益支持交通，以及注入非交通资产提升交通融资平台融资能力的做法和实践，并取得了一定成效。

1. 交通发展外在收益支持公路交通发展。

海南省将新建高速公路沿线惠及的市县各划1 000～2 000亩土地，纳入省土地储备专项用于高速公路建设融资。湖南省将新建、改扩建及规划建设的公路两侧、客货运站场（码头）和物流园区等周边有升值潜力的土地使用权、冠名权和广告经营权，道路两侧的加油站、加气站的特许经营权授予交通融资平台，仅2014年上半年实际融资约50亿元。湖北省及所辖地市普遍建立外溢收益返还机制，将公路沿线土地等收益用于普通公路建设。重庆市在公路水路项目建设期积极储备沿线土地，取得土地增值收益支持公路航道建设。

2. 盘活PPP项目资产。

近年来，财政部、国家发展改革委陆续出台文件推进PPP项目开展资产证券化，盘活PPP项目存量资产、加快社会投资者资金回收、吸引更多社会资本参与PPP项目。截至目前，已有一些地方在收费公路、公交等领域探索实践资产证券化，发行证券募集资金，实现交通项目未来现金流与当前现金流的转换，提高交通资产流动性。例如，杭州庆春路过江隧道有限公司将拥有的杭州市庆春路隧道专营权合同收益作为基础资产，发行金额11.58亿元。又如，绍兴交投公司将拥有的绍兴公交收益作为基础资产，发行金额6.47亿元。

二、国内铁路部门经验

长期以来，铁路投资获取财政以外资金的主要方式是银行贷款和发行债券，随着负债率的不断攀升，单一的融资方式不仅使得中国铁路总公司的总债务风险居高不下，更无力负担加速的基本建设。

（一）铁路发展基金制度安排

为推进铁路投融资体制改革，适应加快铁路建设发展的需要，2014年上半年国务院批准设立铁路发展基金（国函〔2014〕52号），6月国家发展改革委会同财政部、交通运输部制定《铁路发展基金管理办法》。

1. 设立目的和原则。

研究设立铁路发展基金，以中央财政性资金为引导，吸引社会法人投入。铁路发展基金主要投资国家规定的项目，社会投资人不直接参与铁路建设、经营，但保证其获取稳定合理回报。因此，铁路发展基金定位为有中央政府背景的政府性投融资平台，设立的目的是满足国家政策意图、吸引社会资本参与、盘活铁路用地资源、逐步扩大建设资金规模。

基金设立遵循以下原则：一是坚持完成政府规划建设目标。筹集足够规模的资金，满足国家规定项目的资本金投入需要。二是坚持“路归路、桥归桥”的资金使用原则。中央财政性建设资金用于建设，筹措社会资金所需稳定合理回报从有关经营收益中取得。三是坚持政府引导、市场运作。发挥政府引导作用并尽可能利用市场机制，确保投资人合法权益。四是坚持发展基金设立不影响既有融资渠道。处理好铁路建设基金投入铁路发展基金与发行铁路建设债券提供担保的关系。

基金设立还考虑铁路行业技术经济特征和客观现实背景。铁路是国家重要交通基础设施，社会效益明显、长期回报稳定，但当期投资大、沉淀成本高、现金流前低后高，多数项目运营初期难以取得回报。按照规划，“十二五”时期后三年新开工项目80%为中西部和贫困地区铁路，按市场化方式直接融资的可能性不大。因此，基金设立初期难以从投资铁路项目上直接取得回报，现实的选择是由中国铁路总公司作为国家铁路网的建设运营主体，统筹既有铁路运营收益和相关经营收益合理安排投资回报。

2. 设立要点。

（1）组织框架。公司型基金，封闭期15～20年，政府委托中国铁路总公司为主发起人，联合全国社保基金理事会等高信用等级机构发起设立。其中，中国铁路总公司是基金公司的普通股东，作为中央财政性资金的出资人代表；其他投资人为基金公司的优先股东，不参与基金公司日常经营管理。

（2）资金来源。2014 年、2015 年共募集 4 000 亿 ~ 6 000 亿元，每年 2 000 亿 ~ 3 000 亿元，其中，中央财政性资金（中央预算内资金 200 亿元、车辆购置税 150 亿元、铁路建设基金 400 亿元）与社会资金比例 1:2 ~ 1:3。

（3）基金投向。优先投资国家规定铁路项目，初期为保证大量中西部项目建设资金需求，暂要求投资国家规定铁路项目的所占比例不低于募集总额的 70%，其余资金投资经营性较强的铁路和铁路综合土地开发等。“十三五”起，将根据铁路建设项目规模、发展基金市场化程度等情况适时降低国家规定项目的资金比例。

（4）基金管理。政府制定铁路发展基金管理办法，落实国家规定项目的投资安排；基金的财务关系在财政部单列；基金运作初期以委托中国铁路总公司独资或控股的基金投资管理公司为主。

（5）基金回报。初期以中国铁路总公司自身经营收益、公益性运输补贴、铁路土地综合开发收益为回报资金来源。对优先股东按期优先支付稳定合理回报；支付优先股东回报后的剩余利润对普通股东分红，普通股东将所得回报以增资方式注入发展基金。

（二）铁路发展基金模式框架

1. 基金定位。

发展基金按照产业投资基金管理运作基本框架组建，具有中央政府背景的政府性投融资平台。发展基金以中央财政性资金为引导，国家给予政策支持，吸引社会资金，采用股权方式投资国家规定的铁路建设项目。

2. 基金形式。

铁路发展基金存续期15～20年。中国铁路总公司作为政府出资人代表，以及铁路发展基金主发起人，积极吸引社会投资人，依照《公司法》通过约定和承诺共同发起设立中国铁路发展基金股份有限公司。社会投资人作为优先股股东，不直接参与铁路发展基金经营管理。铁路发展基金投资主要用于国家批准的铁路项目资本金，规模不低于基金总额的70%，其余资金投资土地综合开发等经营性项目。

3. 股东规定。

中国铁路总公司作为中央政府的出资人代表，是基金公司的普通股股东。社会投资人作为基金公司优先股股东，按约定优先获得稳定、合理的投资回报，享有基金公司章程规定的表决权、收益权等权利，履行基金公司章程规定的义务。

4. 投资管理。

铁路发展基金以委托投资管理人运作为主。铁路建设项目的投资管理人为中国铁路总公司，基金公司与投资管理人签订《委托投资管理协议》，明确双方的权利和义务等。基金公司对所投资的经营性项目可自行管理或实行委托投资管理，投资铁路土地综合开发等项目。铁路发展基金不得用于担保、期货交易、衍生金融产品等高风险领域，临时闲置资金可以存款形式存放于银行和开展银行间市场业务。

5. 收益分配。

中国铁路总公司保证社会投资人获得稳定合理回报，具体回报水平按照募集时的市场等情况，与社会投资人协商确定。社会投资人根据约定优先获得稳定合理的投资回报，不再参与剩余利润的分配。基金公司股东取得的投资回报为税后分红。基金公司当期自身可分配收益不足以支付社会投资人约定回报时，中国铁路总公司对基金公司予以补足。基金公司自身可分配收益超过社会投资人约定回报后，超出部分先补偿中国铁路总公司累计承担补足部分，其余留作中国铁路总公司对铁路发展基金的新增资本金，待清算时上缴国库。

6. 退出规定。

铁路发展基金存续期内，中国铁路总公司不得退出，社会投资人出资到位一年后可以依法转让。铁路发展基金存续期满时，由中国铁路总公司提出续期或清算方案建议，由国家发展改革委、财政部报国务院批准后实施。铁路发展基金续期的，社会投资人有权选择退出；需要清算的，按批准的清算方案实施。中国铁路总公司按原始投资额以现金方式回购社会投资人出资。

7. 财务监管。

基金公司执行企业会计准则，铁路总公司对其实行预算管理。基金公司按规定编制财务会计报告，年度财务会计报告需经会计师事务所进行审计。铁路总公司向国家发展改革委、财政部和交通运输部报送铁路发展基金年度投资报告。国家发展改革委会同财政部、交通运输部对发展基金资金投向和年度安排等情况进行监管。

（三）铁路发展基金优缺点分析

1. 基金的优点。

统筹中央资金和社会资金，兼顾政府政策目标和社会资金追求盈利的要求，市场筹资难度最小。按照方案设计，每年投资国家规定项目的发展基金规模达到1 400亿~2 100亿元（含中央预算内投资200亿元、车辆购置税150亿元、铁路建设基金400亿元），完全满足中西部地区铁路建设需要。同时，将部分发展基金用于市场化运作，为铁路土地综合开发提供资金来源，提高投资收益，增强对社会投资人的吸引力。

2. 基金的缺点。

初期统筹使用社会资金用于中西部地区铁路的比例较高，铁路公司需要落实投资回报，要求政府加强统筹协调。

（四）铁路发展基金的启示

1. 铁路发展基金的本质理解。

我国政府委托中国铁路总公司作为主发起人，联合中国社保基金理事会等高信用等级机构共同发起设立，其中中国铁路总公司作为铁路发展基金的普通股东，作为中央财政性资金投入的代表。其他股东作为基金公司的优先股股东，不参与基金的日常经营管理。这就意味着铁路发展基金和以往的银行借款或者铁路债券没有实质性的区别，唯一的不同点是市场债券融资和银行借款期限较短，而铁路发展基金时间可以长达 15 年。

专项信托基金与一般税收相比较，可以减少政府预算划拨的不确定性，减少财政赤字，使用者付费的优势；而使用者付费的原则会让资金使用更有效率。在没有专项基金的情况下，会有搭便车和穷人补贴富人的现象发生。而铁路发展基金更像是一般意义上的私募股权投资，即专为特定项目而募集资金，和使用者付费完全没有关系。

铁路发展基金既不是国外常见的专项信托基金，也不是真正意义上的私募股权基金，只不过是以基金名义的长期借款而已。世界上没有只取得稳定合理回报而没有任何风险的投资，即便是银行贷款都有形成呆账、坏账的可能。

2. 设立铁路发展基金的现实意义。

铁路发展基金是中央政府支持、以财政性资金为引导的多元化铁路投融资市场主体。基金的设立和运作是以加快完善现代市场体系和加快转变政府职能的要求，充分考虑铁路行业特点和发展实际，发挥市场配置资源的决定性作用，保护投资人合法权益为原则。铁路发展基金遵循市场经济规律，吸引社会资金投入，扩大铁路建设资本金来源。

一是开放投资领域，创造平等机会。向地方政府和社会资本放开城际铁路、市域和市郊铁路、资源开发性铁路和支线铁路的所有权、经营权。比如2015年国家发改委审批的蒙西至华中地区铁路煤运通道，总投资1 930亿元，由16家公司成立蒙西华中铁路股份有限公司作为项目法人，中国铁路总公司以外的社会资本占股比80%，其中民营企业投资占股比15.5%。这些项目按照构建现代企业制度的要求，保障投资者权益，形成交通基础设施吸引社会资本投资的示范项目。

二是创新投融资模式，吸引社会资本。铁路项目投资大、公益性强，长期由政府独资建设、垄断经营。建立和完善政府主导、分级负责、多元筹资的公路投融资模式。

三是推进综合开发，提高投资效益。充分利用铁路土地综合开发政策，以开发收益支持铁路发展。对城市轨道交通站点周边、车辆段上进行土地综合开发，吸引社会资本参与城市轨道交通建设。

第六章　收费公路传统融资方式比较研究

国内收费公路早期主要以银行贷款为主要资金来源，在经营性收费公路出现后，形成了公路经营权转让的股权融资模式，以及后来在证券市场上市的股权融资模式。因此，根据资金来源的性质，收费公路传统的投融资主要分为债权融资和股权融资两种方式。

一、债权融资

（一）债权融资简述

1. 债权融资的含义。

债权融资是指企业通过借钱的方式进行融资，债权融资所获得的资金，企业需要按照双方约定承担资金利息，并在借款到期后向债权人偿还资金本金。

2. 债权融资的特点。

一是债权融资获得的只是资金的使用权而不是所有权，负债资金的使用是有成本的，企业必须支付利息，并且债务到期时须归还本金。二是债权融资能够提高企业所有权资金的资金回报率，具有财务杠杆作用。三是与股权融资相比，债权融资除在一些特定的情况下可能带来债权人对企业的控制和干预问题，一般不会产生对企业的控制权问题。

债权融资的特点决定了其用途主要是解决企业营运资金短缺的问题，而不是用于资本项下的开支。

3. 债权融资的方式。

债权融资方式主要有：银行贷款、债券融资（企业债、银行间债券）、项目收益债、金融租赁等。

（二）银行贷款

银行贷款融资是指企业为满足自身生产经营的需要，同银行签定借款协议，借入一定数额的资金，在约定的期限还本付息的融资方式。向银行等金融机构申请贷款是收费公路融资的主要方式。

1. 银行贷款的特点。

一般来说，银行贷款融资有以下几个特点：

（1）企业利用银行贷款融资，在贷款获准后，即以客户的名义在银行开立贷款账户，用于贷款的提取、归还和结存核算。

（2）银行贷款融资的管理比较简单，但最初申请比较复杂，需要企业有详尽的可行性研究报告及财务报表。

（3）由于银行种类繁多，分布广泛，而且贷款的类型、期限多种多样，一般利用银行贷款融资相对比较方便、灵活。

（4）银行贷款融资风险较小，一般不涉及税务问题。但银行作为企业，也追求利润最大化，一般贷款利率较高。

（5）银行贷款融资不涉及企业资产所有权的转移，但一旦银行因企业无力偿还而停止贷款，则可能使企业陷入困境，甚至导致企业破产。

2. 银行贷款的应用。

银行贷款融资虽然方便灵活，期限和类型都比较多，但是申请手续相对比较麻烦，同时筹集资金的数量也有一定限制。虽然如此，银行贷款融资对收费公路建设而言具有比较大的优势：贷款期限可长可短、利率相对稳定，必要时可以进行债务结构调整，可以进行债务重组。收费公路行业具有的资金需求量大、建设周期长，收益和现金流稳定和充足的特点也是比较吸引银行贷款的重要优势。

自20世纪80年代我国实施“贷款修路、收费还贷”政策以来，银行贷款成为我国收费公路建设资金的主要来源。在我国收费公路30年的发展过程中，资金来源原则上由四个部分构成，即中央车辆购置税投入、地方财政投入、银行贷款及投资者资本金投入，但在实际过程中，地方财政并未真正投入到收费公路，或很少投入到收费公路，收费公路主要还是依靠车辆购置税资金、银行贷款及部分投资者资本金投入。根据交通运输部的数据，截至2016年12月底，全国收费公路银行贷款余额为48 554.7亿元，其中银行贷款余额占总债务的比例接近70%。由此可见，银行贷款对于收费公路建设融资的重要性不言而喻。

（三）企业债券

1. 企业债券的含义。

企业债券是企业依照法定程序发行，约定在一定期限内还本付息的债券。企业债券的发行主体是股份公司，但也可以是非股份公司的企业发行债券。所以，一般归类时，企业债券和企业发行的债券合在一起，可直接成为企业债券。

企业债券是企业依照法定程序发行，约定在一定期限内还本付息的债券。企业债券代表着发债企业和投资者之间的一种债权债务关系。债券持有人是企业的债权人，不是所有者，无权参与或干涉企业经营管理，但债券持有人有权按期收回本息。企业债券与股票一样，同属有价证券，可以自由转让。

由于企业主要以本身的经营利润作为还本付息的保证，因此企业债券风险与企业本身的经营状况直接相关。如果企业发行债券后，经营状况不好，连续出现亏损，可能无力支付投资者本息，投资者就面临着受损失的风险。从这个意义上来说，一方面，企业债券是一种风险较大的债券。在企业发行债券时，一般要对发债企业进行严格的资格审查或要求发行企业有财产抵押，以保护投资者利益。另一方面，在一定限度内，证券市场上的风险与收益成正相关关系，高风险伴随着高收益。企业债券由于具有较大风险，它们的利率通常也高于国债和地方政府债券。

2. 企业债券的分类。

按照期限划分，企业债券有短期企业债券、中期企业债券和长期企业债券。根据我国企业债券的期限划分，短期企业债券期限在 1 年以内，中期企业债券期限在 1 年以上 5 年以内，长期企业债券期限在 5 年以上。

根据发行主体的不同，企业债券分为企业债与公司债两种。公司债券是由股份有限公司或有限责任公司发行的债券，非公司制企业不得发行公司债券。企业债券是由中央政府部门所属机构、国有独资企业或国有控股企业发行的债券，它对发债主体的限制比公司债券狭窄得多。

公司债券是公司根据经营运作具体需要所发行的债券，它的主要用途包括固定资产投资、技术更新改造、改善公司资金来源的结构、调整公司资产结构、降低公司财务成本、支持公司并购和资产重组等。因此，只要不违反有关制度规定，发债资金如何使用几乎完全是发债公司自己的事务，无需政府部门关心和审批。但在我国的企业债券中，发债资金的用途主要限制在固定资产投资和技术革新改造方面，并与政府部门审批的项目直接相联。

3. 企业债券发行条件及优缺点。

（1）企业债券。企业债采取的是审核制，由国家发改委进行审核，发改委每年会确定一定的发行额度。企业公开发行企业债应符合下列基本条件：

①股份有限公司的净资产不低于人民币 3 000 万元，有限责任公司和其他类型企业的净资产不低于人民币 6 000 万元；

②企业经济效益良好，发行企业债券前连续三年盈利；

③企业发行企业债券的总面额不得大于该企业的自有资产净值的40%。

（2）公司债券。公司债采取核准制，由证监会进行审核，证监会有权决定是否准许其发行，对总体发行规模没有一定的约束。企业公开发行公司债应符合下列基本条件：

①股份有限公司的净资产不低于人民币3 000万元，有限责任公司和其他类型企业的净资产不低于人民币6 000万元。

②本次发行后，累计债券余额不超过企业净资产（不包括少数股东权益）的40%。

③最近三个会计年度实现的年均可分配利润不少于公司债券一年的利息。

（3）企业债券的优势与不足。作为一种常见的融资方式，债券融资模式既具有明显的优势，主要包括：

①资金成本低。债券利息在税前支付，与股票相比发行债券的成本较少；与银行贷款相比，由于减少了中间环节，融资成本也较低。

②保障股东控制权。债券持有人无权参与发行企业的经营管理决策，不仅可以保障股东控制权，避免股权稀释，而且便于主动调节财务结构。

③可发挥财务杠杆的作用。债券的利息可以在税前扣除，即可以利用财务杠杆，容易增加股东和公司的财富。

④筹措大额资金。债券融资规模一般较大，并且期限较长，为企业筹措金额较大的资金来源。

但是，债券融资也存在一些不足：

①财务风险高。债券有固定的到期日，并需要支付利息，要承担按期还本、付息的义务。当经营不善时，会给企业带来沉重的财务负担，甚至导致其破产。

②限制条件严格。不论是企业债还是公司债，只有公司实力强，经济效益好的企业，方可采用债券融资方式。且公司采用发行债券融资总金额，不得超过公司自有资产的净值。这就使得公司发行债券融资既不能金额过低，也筹措不到金额更大的资金。

③融资数量限额。根据国家有关规定，企业发行债券的总面额不得大于该企业净资产的40% 。

④负财务杠杆作用。当企业经营出现资金息税前利润率小于发行债券所支付的债券利率时，企业负债比例越高，企业的自有资金收益率将越低。

4. 企业债券的应用。

我国交通企业债券融资方式起步于 1998 年，之后资本市场上各种债券类产品推出后，都有交通企业单位参与的身影。据统计，从 1998 年年底到 2011 年 7 月，共有 30 多家公路企业发行中长期公路建设债券 944 亿元，其中 2007 年发行 100 亿元，2008 年发行 104 亿元，2009 年发行 182 亿元，2010 年发行 196 亿元。随着国家宏观金融政策和贷款政策的收紧，尤其是企业去杠杆降风险的环境下，收费公路企业直接从银行贷款的难度增加，这样发行企业债券的企业将会逐年增多，发行主体多为各省自治区交通投资集团公司或者高速公路投资集团公司。

（四）资金信托计划

1. 资金信托计划的含义。

信托是指委托人基于对受托人的信任，将其财产权委托给受托人，由受托人按委托的意愿以自己的名义，为受益人的利益或者特定目的进行管理或者处分的行为。信托是一种特殊的财产管理制度和法律行为，同时又是一种金融制度，与银行、保险、证券一起构成了现代金融体系。

2. 资金信托计划融资的特点。

（1）报批程序和后续管理较债券、股票相对便捷、灵活，有利于统筹协调。企业债券是由国家发展改革委审批，规模有限制，可持续融资能力较弱；股票上市的程序更复杂、环节更多，后续经营和资金调剂更是受到证监会等有关部门的严格监管。就信托产品的管理方面来说，目前银监会对信托的管理是比较市场化的，因此信托业的创新可以与货币市场、资本市场和实物市场自如对接。在产品设计上，信托公司还可以创新出各种不同的产品适用于不同的投资者。

（2）信托的独立性和隔离原理可以使优质资产受《中华人民共和国信托法》（以下简称《信托法》）保护。

（3）收益分配政策可以根据整个金融市场和投资者的预期反应来统筹安排，既可以不承诺保底收益也可以自行享有超额部分的收益。实际操作中，综合融资成本控制在银行存款利率与贷款利率之间。

（4）信托融资对募集资金的使用方向没有硬性的规定，甚至可以作为项目资本金，使用起来更为灵活。

3. 资金信托计划的应用。

目前，比较适合交通行业的信托业务主要有贷款信托。贷款信托是指信托投资公司通过发行一定期限的集合资金信托计划，为交通企业筹集社会资金，并将所筹资金以贷款方式交付交通企业，用于公路项目建设，交通企业按照信托贷款合同约定还本付息。这种方式设计简单、操作方便，操作流程与商业银行贷款类似，所不同的是资金来源不同。

利用信托融资可以在社会闲散资金与公路建设资本市场之间搭建了有效沟通的桥梁，从而为公路建设提供源源不断的资金支持。

但是，地方融资平台经营存在项目建设周期长、回款较慢、自身现金流较弱、盈利能力不强的特点，被剥离为地方政府融资的职能后，依靠自身实力进行项目融资存在还款来源不确定、能够接受的资金成本与信托产品不匹配的问题。因而，在强监管下，集合信托债权计划对于收费公路的投资可能会大大降低。

（五）保险资金债权投资计划

1. 保险资金债权投资计划的含义。

根据2016年保监会出台的《保险资金间接投资基础设施项目管理办法》（保监会令〔2016〕2号）规定，保险资金债权投资计划是一种保险资金以债权形式投入基础设施项目中一种金融产品。

2. 保险资金债权投资计划的投资方式和条件。

保险资金债权投资计划可以采取债权、股权、物权及其他可行方式投资基础设施项目。采取债权方式投资基础设施项目的，应当具有明确的还款安排。采取股权、政府和社会资本合作模式投资基础设施项目的，应当选择收费定价机制透明、具有预期稳定现金流或者具有明确退出安排的项目。

投资计划投资的基础设施项目应当符合下列条件：

（1）符合国家产业政策和有关政策；

（2）项目立项、开发、建设、运营等履行法定程序；

（3）融资主体最近2年无不良信用记录；

（4）中国保监会规定的其他条件。

3. 保险资金债权投资计划的优势。

（1）不受银行贷款政策调整的影响。银行贷款融资目前虽然是企业债务融资的主要渠道，但企业从银行获得贷款的难易程度，除了受自身资信条件影响外，还在很大程度受到信贷政策的影响。因此，通过引入债权性质的保险资金，企业可以拓宽融资渠道，这将在很大程度上减轻信贷政策波动的影响，有利于企业控制财务风险，提高财务稳健性。此外，从实践看，企业引入保险资金，还可以增加企业对某一单一融资渠道的议价能力。

（2）投资期限灵活。保险资金债券投资计划的期限结构可以依据项目的具体情况灵活制定，短则一年，长则十年，能满足项目方各种期限的资金需求，其中寿险资金多为长期负债，在投资过程中，倾向于选择长期资产配置，这与基础设施项目投资回收期长的特点非常匹配。

（3）投资方式多样。保险资金债权投资计划作为个性化产品，投资方式十分灵活，可采用固定利率、浮动利率、分期还本、一次性还本等多种普通债权方式，还可根据项目方的个性化融资需求，进行交易结构和方式的创新。

（4）融资成本较低。对于符合条件的企业，保险资金债权投资计划的利率通常能够做到低于同期限银行贷款最优利率水平，有助于项目方降低融资成本，改善财务结构。

（5）资金规模大。保险资金债券投资计划通常常对单个项目的投资金额可以达到10亿~30亿元。对于某些重点项目（比如国务院批准立项），则完全可能超过30亿元的投资限额。

（6）资金到位快。保险资金的债权性资金，可以一次性全部到位。与银行贷款相比，保险资金原则上虽然也要求项目资本金要到位，但如果项目方有确实可行的资本金到位措施，也不排除保险资金可以发行债权计划。这对很多基础设施项目而言，是工程加快进度、顺利竣工的良好资金支持和保障。

（7）资金使用灵活。相比银行贷款已经形成的成熟的资金监管措施，保险资金则是直接打到企业在银行（资金托管行）开设的账户内，按照项目方的要求，可以融资总额一次性全部到位。并且资金在使用用途上可以设计得比较宽泛灵活，以便于企业的资金使用安排。

4. 设立的要求。根据保监会的政策要求，保险资金债权投资计划设立总体来说需要具备以下几个条件：

（1）投资领域：原则上要求为交通运输（高速公路、铁路、机场、港口、隧道桥梁等）、能源（煤炭、石油天然气、电力等）、市政环保（自来水、污水处理、固废处理、脱硫等）、通信等领域的重点基础设施项目，以及资源矿产类的项目。

（2）项目合法性：原则上要求项目为省级或省级以上政府机构批准立项。

（3）偿债主体（借款人）：原则上要求上市公司或上市公司实际控制人，中央企业。根据监管最新精神，中央企业所属子公司、省级国有大型企业亦可能符合偿债主体要求。借款人可以是项目方，也可以是项目方的母公司或者实际控制人。

（4）担保方式：①国家专项基金、银行提供担保；②实力雄厚的企业（净资产需超过200亿元，未来可能会放款到100亿元）提供担保；③上市公司无限售股、道路收费权或者其他有升值潜力、易于变现的资产做担保。

（5）特殊情况：对于国务院批复的项目，在拟投项目、借款人资质、担保方式等各方面条件均可以做相当程度的放宽。

5. 保险债权投资计划未来展望。

保险资金由于具有资金体量大、期限长的独特优势，并且保险资金本身也有着改善资产配置的需求，因此保险资金债权投资计划作为匹配融资需求方以及资金供给方而设立。近年来，虽其发展迅速，但由于交易对手方多为地方融资平台公司，加上投资项目多为基础设施类项目，受政策影响非常大。不过，近年来监管政策对保险资金投向实体经济导向有明确的引导，保险债权投资计划作为保险资金服务实体经济的交易结构清晰和明确的金融产品，因此尽管投资方向较过去有所影响，但在当前强监管政策下，依然具有稳定的发展前景。

二、股权投资

股权融资是指企业的股东愿意让出部分企业所有权，通过企业增资的方式引进新的股东的融资方式。股权融资所获得的资金，企业无须还本付息，但新股东将与老股东同样分享企业的赢利与增长。收费公路股权融资一般是指在证券市场上市，通过向公众出售自己的股份而取得资金融通的方式。收费公路股市融资主要以公路收费经营权为主要资产直接 IPO 或者通过转让公路经营权给上市公司在证券市场实现融资。

（一）收费公路股票融资特点

股票融资的最大特点是资金具有长期性，通过证券市场融资，取得的股权资金具有永久性，无到期日，不需归还，收费公路企业勿须还本付息，没有固定的股利负担，股利的支付与否和支付多少视公司盈利情况和经营需要而定。投资人欲收回本金，需借助于证券市场买卖交易实现。通过股票融资，收费公路能够获取以下好处：一是筹资风险小。由于普通股票没有固定的到期日，不用支付固定的利息，不存在不能还本付息的风险。二是股票融资可以提高企业知名度，为企业带来良好的声誉。发行股票筹集的是主权资金。普通股本和留存收益构成公司借入一切债务的基础。有了较多的主权资金，就可为债权人提供较大的损失保障。因而，发行股票筹资既可以提高公司的信用程度，又可为使用更多的债务资金提供有力的支持。三是股票融资所筹资金具有永久性，无到期日，不需归还。在公司持续经营期间可长期使用，能充分保证公司生产的资金需求。四是没有固定的利息负担。公司有盈余并且认为适合分配股利，就可以分给股东；公司盈余少或虽有盈余但资金短缺或者有有利的投资机会，就可以少支付或不支付股利。五是股票融资有利于帮助企业建立规范的现代企业制度。

凡事都是一分为二的，股票融资也有一些弊端，主要体现在以下方面：一是筹资费用较高。首先，普通股的发行费用较高。其次，对筹资来讲，普通股股利从税后利润中支付，不具有抵税作用。最后，投资者投资于普通股风险较高，相应地要求有较高的投资报酬率。二是股票融资上市时间跨度长，竞争激烈，无法满足企业紧迫的融资需求。三是容易分散控制权。当企业发行新股时，出售新股票，引进新股东，会导致公司控制权的分散。

（二）收费公路股票融资情况

收费公路主要以高速公路股份公司为主体在证券市场上市，根据不完全统计，截至 2017 年 12 月底，我国以路桥收费为主营业务的上市公司共 25 家，其中 21 家在境内上市、4 家在香港联交所上市（投资境内收费公路）。此外，还有一些上市公司直接或间接地参与了收费公路业务但不以收费公路为主业。

从公司的上市时间来看，25 家以路桥收费为主营业务的上市公司中，有 20 家是在 1996～2004 年上市的。此后新上市的公司有 5 家，分别是：2009 年 12 月，华昱高速公路股份有限公司在香港联交所上市；2009 年 7 月，已经在 H 股上市的四川成渝高速公路股份有限公司回归 A 股；龙江交通高速公路股份有限公司和吉林高速公路股份有限公司两个公司由原东北高速公路股份有限公司分拆并于 2010 年 3 月在上交所上市；2017 年 12 月，招商公路集团股份有限公司通过吸收合并华北高速公路股份有限公司，在深交所上市。

从收费公路资产上市的情况看，涉及上市公司投资（含收购）的收费公路项目（包括独立大桥、隧道）总里程约1.5万公里，占全国经营性收费公路总里程约1/5，占收费公路总里程约1/10。考虑到近几年各地以PPP模式大量新建收费公路项目，这一比例还将有较大幅度的提升。25家以收费公路为主营业务的上市公司2017年净资产收益率在6.39%~16.73%之间，其中16家上市公司净资产收益率集中在7.5%~12.5%这个区间。

（三）上市融资面临的问题

一是规范的收费公路上市公司与筹集公路建设资金的非对称匹配问题。在20世纪90年代，地方政府发起设立公路上市公司的初衷，是希望公路上市公司发挥融资平台的作用，通过上市募集公路建设所需资金为发展本地区公路建设事业做出贡献。

随着市场化的发展以及中国证监会逐步加大对上市公司的监管力度，以营利为目的、以企业价值最大化为其财务目标的公路上市公司已不大可能继续发挥融资平台的作用；公路上市公司并没有法律以及合同义务，将从市场筹措的股权资金和债务资金全部用于高速公路建设。

政府预算管理体制改革意味着地方政府已不大可能再大规模投资建设政府收费公路；采取PPP模式，利用社会资本的力量投资建设特许经营高速公路，也许将成为我国高速公路发展的主要取向。PPP模式的广泛采用，意味着需要通过特许经营协议规范的不仅是项目公司的经营行为，也需要规范政府的市场调控与行业监管行为。这意味着，地方政府将很难要求国有公路经营企业发挥地方政府融资平台的作用，市场化导向将在规范高速公路特许经营行为中发挥决定性作用。

二是收费公路收费期限限制与上市公司永续发展之间存在矛盾，收费公路上市公司转型发展面临政策障碍。我国《公路法》和《收费公路管理条例》（2014 年）规定，经营性公路的收费期限，按照收回投资并有合理回报的原则确定，最长不得超过 25 年。国家确定的中西部省、自治区、直辖市的经营性公路收费期限，最长不得超过 30 年。公司制企业一个重要特征是，公司是永续存在的企业组织形式，上市公司也应该是永续存在的。而收费公路最长经营期限限制与上市公司的永续发展存在着一定矛盾。

收费公路上市公司必须未雨绸缪，在目前主业经营稳定的条件下，拓展新的业务和利润增长点。跨界并购重组是高速公路类上市公司未来长期可持续发展的重要手段。但是 2016 年 9 月，中国证监会修订发布了《上市公司重大资产重组管理办法》旨在治理并购重组中的乱象，抑制各种形式的盲目跨界重组，引导上市公司专注主业，防止资金"脱实向虚"，但在具体执行中有"一刀切"的倾向，一些真正有利于上市公司发展壮大、相关产业的"跨界实质性重组"也受到抑制。

三是新建收费公路项目效益较差，增加了上市难度。国内高速公路经过 30 多年的建设，主干路网已经基本建成。新建高速公路项目基本上是向偏远地区的延伸，投资量大，车流量少，预期投资回报低、甚至亏损。新建项目达不到证监会以及股东对上市资产回报率的要求。目前，国内高速公路上市公司实际上已很少参与新建高速公路项目的投资。

四是国家对收费公路企业上市无特殊支持政策。从国家对公司上市总体支持政策来看，重点支持高新技术产业和战略性新兴产业企业上市。2018 年 3 月，国务院办公厅转发了证监会《关于开展创新企业境内发行股票或存托凭证试点若干意见的通知》（国办发〔2018〕21 号）明确提出：支持创新企业在境内资本市场发行证券上市，助力我国高新技术产业和战略性新兴产业发展提升。据统计，全国战略性新兴产业上市公司超过 1 100 家，占全部上市公司的 1/3。2016 年初至 2017 年 10 月底，新上市的 605 家公司中有高新技术企业 495 家，占比达 82%。收费公路行业属于基础设施行业，是准公共物品，公益属性强，国家对基础设施行业企业上市无特殊支持政策，只能按部就班地按照规定要求实现上市。

三、金融租赁

（一）金融租赁基本概述

金融租赁是收费公路除了银行之外又一获取借款的债权融资的金融工具。对于收费公路而言，金融租赁通常是指金融租赁公司作为出租人，收费公路企业作为承租人，银行担任资产管理人的角色，收费公路企业将公路资产及其附属设施转让给租赁公司，租赁公司根据评估结果一次或分次付清租赁项目款，并委托银行管理租赁资产，收取租金。在整个租赁期内，收费公路企业原有的经营方式、收费性质以及收费公路企业使用和收费权不变，租赁期满，收费公路企业以名义价格购回收费公路资产及其附属设施。

金融租赁在实际运用过程中有很多具体的模式，包括简单性融资租赁、经营租赁、融资转租赁、返还式租赁、杠杆租赁、委托租赁等。

（二）金融租赁的特点

金融租赁是一种以固定资产为载体，集贸易、金融、租借为一体的特殊金融产品，具有融资、融物双重职能的租赁交易。金融租赁作为一种特殊的金融工具，有其自身的优势价值，主要表现在：

一是盘活收费公路存量资产，增加资金来源。通过与金融租赁公司合作，收费公路企业可以将存量公路资产委托金融租赁公司，从而获得金融公司资金支持，用于投资或者修建新的公路。

二是在项目筹资阶段，可以解决资本金不足问题。收费公路建设期，使用了大量银行贷款。银行借贷等筹资方式的前提是收费公路企业必须同比例到位资本金，其融得的资金不能作为资本金使用，融资租赁获得的资金可以作为资本金出资。因而，通过金融租赁，既可以解决资本金不足问题，又不占用银行授信额度。

三是在收费公路运营期间，金融租赁可以改善企业财务状况。在收费公路运营期间，企业通过通过金融租赁转让公路资产获取的资金偿还部分银行贷款，再以通行费收入偿还租金。从财务角度看，银行负债大笔减少。根据融资租赁相关法律，对融资租赁标的物采取加速折旧的方式，以折旧费支付租金。如果没有金融租赁，贷款本金需从税后利润中支付。而租金支付按折旧费计提是在税前支付，可以获得税收优惠，从而减轻了企业的融资负担。

（三）金融租赁的应用

2009 年 5 月，金融租赁首次引入收费公路资产领域。云南省公路开发投资有限责任公司将昆石高速公路 37.48 亿元的固定资产解出质押后，转让给国银金融租赁公司，再由公司在 5 年内以同期银行利率加上租赁费逐年等额回购。这种融资模式既不改变公路开发公司对昆石公路的管理和经营权，又能及时为公司筹集到大额建设资金，为在建（新建）公路项目提供有效的资金保障。

此后，福建、河南、山东和甘肃等省交通行业先后采取售后租回的金融租赁模式盘活高速公路存量资产，不仅为公路交通建设发展提供了及时的资金供给，也为交通基础设施建设拓宽融资渠道、优化资本结构、降低资金成本和提高资本运作能力，起到了良好的示范作用。

从目前的金融租赁金额来看，收费公路建设利用金融租赁的规模还不算太大，但是不能否定的是金融租赁在收费公路行业的应用将会有较大的发展空间。

（四）案例分析：中原高速公路股份有限公司金融租赁

1. 金融租赁实施方案。

2010 年 12 月 16 日，中原高速公路股份有限公司（简称“中原高速”）中原高速拟与招银金融租赁有限公司（简称“招银租赁”）、建信金融租赁股份有限公司（简称“建信租赁”）签订了《融资租赁合同》，以售后回租方式转让郑州机场高速公路全路段路面、路基等资产，分别向招银租赁融资 3 亿元，向建信租赁融资 6 亿元。

租赁期限届满，租赁标的物的名义货价为人民币 3 元，向招银租赁公司支付人民币 1 元，承租人向建信租赁公司支付人民币 2 元。承租人履行完毕其在合同项下的所有债务后，租赁标的物转移至承租人；招银租赁和建信租赁各自按份享有权利、承担义务的比例为：招银租赁公司 1/3，建信租赁公司 2/3，承租人应按上述比例分别向招银租赁公司和建信租赁公司承担义务或主张权利。

（1）租赁期限。自起租日起算，共计 10 年（120 个月）。起租日是指招银租赁、建信租赁根据合同的规定向中原高速支付首笔租赁标的物价款之日。

（2）租赁利率。租赁利率计算方式：利率以 5 年以上中国人民银行贷款基准利率下浮 15%，采取浮动利率制。

租赁利率调整：中国人民银行贷款基准利率调整时，出租人将按季度对租赁利率作出同方向、同幅度的调整。利率调整日之前各期租金以及利率调整日当期租金金额不变，从接着的下一个租期开始，每期租金均按调整后的数额计收。

(3) 租金及支付方式。还款方式为每期等额支付，每期租金（本金加利息）为2 912.45 万元（以招银租赁及建信租赁《租金调整通知书》为准），共计40 期；从起租日之日起第二个月的对应日支付第一期租金，以后每三个月后的对应日支付一次。

(4) 手续费及联合租赁安排费。手续费按照租赁金额的3.6%（即3 240 万元），联合租赁安排费按照租赁金额的1.2%（即1 080 万元）。

(5) 担保。承租人同意将机场高速公路收费权（以及基于该等收费权而享有的应收账款）质押给出租人作为本交易项下债务的担保，并协助出租人办理质押登记手续以使出租人取得质押登记权利证书。承租人同意，未经出租人书面同意，不得再将机场高速公路的收费权质押给其他人，且不新增借款、融资租赁等融资。

2. 金融租赁运用分析。

中原高速2010 年财务负担重，还债能力差，获得银行贷款的可能性比较小。根据中原高速2010 年度报告，其资产负债率高达77.89%，比2009 年上升4.0%。此种情况下，中原高速向银行申请贷款需要经过非常严格的审核。因此，中原高速选择了信用门槛较低的金融租赁。

通过此项融资租赁业务，中原高速既可以利用现有的高速公路全路段路面、路基等资产进行融资，用于在建工程及偿还银行借款，又没有丧失公路资产的经营管理权，有利于优化公司的资产负债结构，降低财务费用。

四、BOT 融资

（一）BOT 融资概述

BOT 是“Build - operate - transfer”的缩写，意为“建设—经营—转让”，是起源于西方国家主要用于基础设施建设的一种项目融资模式，是指政府将一个基础设施项目的特许经营权授予承包商，承包商在特许经营期内负责项目设计、融资、建设和运营，并回收成本、偿还债务、赚取利润，政府部门拥有对这一基础设施的监督权、调控权，特许期结束后将项目所有权移交政府。

我国收费公路利用 BOT 模式的历史可以追溯到 20 世纪 80 年代。1984 年 12 月，国务院第 54 次常务会议将“贷款修路、收费还贷”确定为促进公路事业发展的四项优惠政策之一，正式突破国内公路建设长期以来单纯依靠财政投资的投融资体制机制，收费公路在全国各地相继产生。随着收费公路的发展，地方政府逐步的引入社会资本，BOT 模式开始在收费公路中推广应用。2004 年国务院颁发的《收费公路管理条例》又对收费公路的建设和经营等具体管理办法做了详细规定，为公路 BOT 项目的实践奠定了一定的法规基础。

截至 2017 年年底，我国收费公路总里程中地方交通集团（平台）占 60% ~ 70%，上市公司占 10% ~ 15%，建设施工企业占 10% ~ 15%，民营及外资接近 10%。整体而言，除了政府直接投资建设外，剩余 40% 左右基本上是通过 BOT 方式建立起来的。

（二）BOT 模式的优势

BOT 模式的基本思路是由项目所在地政府对项目的建设和经营提供一种“特许权协议”作为项目融资的基础，再由社会资本作为项目的投资者和经营者安排融资（项目公司将特许权协议等权益转让给金融机构作为抵押，并提供其他信用担保），承担风险，开发建设项目在有限的时间内经营项目并获得商业利润及支付贷款本息，最后在特许经营期结束时将项目移交给政府。由此可见 BOT 模式具有如下优势：

一是有利于在短期内迅速解决目前面临的交通基础设施跨越式发展与建设资金严重不足的矛盾；有利于在不转移政府所有权的条件下，通过利用社会资本，减少政府公共借款和直接投资，缓和政府的财政负担，分散政府性债务风险。

二是可避免或减少政府投资可能带来的各种风险，如利率风险、市场风险、技术风险等。

三是有利于提高项目的运作效益。一方面 BOT 项目一般都涉及巨额资金的投入，以及项目周期长所带来的风险，由于有社会企业的参加，金融机构对项目进行贷款时，对项目的要求就会比对单一由政府承担时要求严格；另一方面私营企业为了减少风险，获得较多的收益，将促使其加强管理，控制造价，减低项目建设费用，加快建设周期。

四是可提前满足社会与公众需求。采取 BOT 投资方式可在社会资本的积极参与下，使一些本来急需建设而政府目前又无力投资建设的基础设施项目。在政府有力量建设前，提前建成发挥作用，从而有利于全社会生产力的提高，并满足社会公众的需求。

（三）BOT 模式应用要点

BOT 项目是基于一系列协议之上的由多种角色组成的严密的商业组织体系，包括政府、投资者、贷款银行等众多角色之间通过协议形成复杂而明确的互相协作关系，各角色之间的关系是不可分割、互相制约的整体。可以说，

BOT 是一种有机的结构，其中特许经营、投资结构、融资结构、担保结构是最重要的组成部分。

1. 特许经营。

投资者通过与政府或其授权机构签署特许经营合同，约定由其投资设立的项目公司获得指定项目的投融资、建设、经营管理和养护权，并通过投资建造高速公路及其服务设施依法取得高速公路收费权，在一定期限和范围内经营高速公路基础设施及其服务设施，经营期限届满后，向政府移交高速公路。目前，公路项目的特许经营授予权集中在省一级人民政府层面；根据《收费公路管理条例》的规定，收费公路的权益包括收费权、广告经营权、服务设施经营权，经营性公路的收费期限最长不得超过 25 年，在中西部地区，最长不得超过 30 年。

2. 投资结构。

国内外各种经济组织都可参与公路项目建设，投资者可以是单一公司也可以是由多个公司组成的联合体，投资者在中标后依据与政府签订的特许经营合同及合资协议出资组建项目公司，由该项目公司作为独立法人来承担项目的建设、经营和管理。我国项目资本金制度规定，目前公路建设项目最低资本金比例为 20% 。

3. 融资结构。

公路项目由于投资额大，投资者需要向银行等金融机构筹措建设经营所需资金。与传统的完全追索的公司融资不同，BOT 项目通常是以项目本身的现金流量和资产作为融资安排的基础，而不是以项目投资者的资信为基础。如果项目投资失败，贷款人对投资者的追索要求也仅限于项目公司自身资产和现金流量，即有限追索。

4. 担保结构。

公路 BOT 项目担保结构一般包括完工担保、最低收入保证、财产保险、建筑成本担保和备用贷款担保等，其中最主要的是完工担保、最低收费收入担保和财产保险。

完工担保通常由项目投资者或者承建项目的工程公司、保险公司来提供；财产保险由保险公司提供；而最低收入通常应由政府来提供担保，目前在实际项目操作中，各地政府一般都不提供最低收入保证，项目公司仅享有竞争保护和要求调整收费标准的权利。

（四）BOT 的应用前景

收费公路 30 年来的建设实践为我国公路建设运用 BOT 模式积累了丰富的宝贵经验，相应的政策法规等配套环境也在不断完善，为收费公路 BOT 模式的应用推广提供了越来越广阔的空间。

收费公路 BOT 模式的实质是由社会投资者提供本应由政府提供的准公共产品，按照特许经营政策，通过使用者付费的原则向社会投资者提供合理回报。改革开放初期至“十二五”期间，修建的收费公路多为国省主干道，而且大多处于交通需求旺盛的区域，收费公路建成收费后，基本可以偿还贷款本息。

经过 30 多年的快速发展，我国收费公路建设已经开始向边远、非主干道转移，面临着桥隧比较高、投入规模巨大的现实，而交通流量又相对较少，在现有的收费政策下，大量高速公路难以收回投资成本。由于投资收益难以达到预期，民营资本正在逐步退出高速公路领域。因而，必须提供相应的财政补贴才能吸引社会投资者参与收费公路建设。可以预见，以政府补贴为前提的 BOT 方式将会广泛应用于收费公路项目，并对完善交通基础设施、缓解政府财政支出压力、活跃社会资本有着积极的意义。

第七章　收费公路融资创新研究

一、收费公路融资创新背景分析

（一）收费公路发展融资环境分析

1. 建立规范的政府融资举债机制形势要求。

《国务院关于加强地方政府性债务管理意见》（国发〔2014〕43号），《意见》中指出“要建立借、用、还相统一的地方政府性债务管理机制；修明渠、堵暗道，赋予地方政府依法适度举债融资权限，加快建立规范的地方政府举债融资机制，从根本对公路交通包括收费公路行业产生革命性的影响。

（1）各级交通运输部门融资功能被取消。要求明确划清政府与企业界限，政府债务只能由政府及其部门通过债券方式举借，不得通过企事业单位等举借，政府举债要全部纳入政府债券发行渠道，通过分别发行一般债券和专项债券来为普通公路和收费公路融资，每年各地的债券发行额度实行总量控制，由全国人大审议后分配各地。由此，实施多年的交通运输部门“贷款修路、收费还贷”需要调整为“政府发债、收费还债”，交通运输部门不再具备直接筹资功能。

（2）交通融资平台公司的性质和职能发生根本变化。交通融资平台公司的公益性项目融资功能被剥离，不再具备政府融资功能，转型为以经营性业务为主的一般工商企业。

（3）收费公路建设资金来源将根据公路的性质而有所不同。对于政府还债收费公路主要通过发行地方政府性债券来筹集资金，通过建成通车后收取通行费逐步偿还地方政府性债券基金。对于经营性收费公路主要通过企业自筹来解决。

2. 国家关于鼓励创新交通投融资的政策的推动。

2014 年 11 月 16 日，国务院颁布了《国务院关于创新重点领域投融资机制鼓励社会投资的指导意见》，并指出改革完善交通投融资机制，完善公路投融资模式。建立完善政府主导、分级负责、多元筹资的公路投融资模式，完善收费公路政策，吸引社会资本投入，多渠道筹措建设和维护资金。

2015 年 4 月 20 日，财政部联合交通运输部颁布了《关于在收费公路领域推广运用政府和社会资本合作模式的实施意见》提出：转变供给方式，鼓励社会资本通过政府和社会资本合作（PPP）模式，参与收费公路投资、建设、运营和维护，与政府共同参与项目全周期管理，发挥政府和社会资本各自优势，提高收费公路服务供给的质量和效率；创新公路投融资模式：社会投资者按照市场化原则出资，独自或与政府指定机构共同成立项目公司建设和运营收费公路项目，政府要逐步从“补建设”向“补运营”转变，以项目运营绩效评价结果为依据，适时对价格和补贴进行调整，支持社会资本参与收费公路建设运营，提高财政支出的引导和带动作用，拓宽社会资本发展空间，有效释放市场活力；完善收费公路建设管理养护长效机制：建立健全合同约束、收费调节、信息公开、过程监管、绩效考核等一系列改革配套制度与机制，实现合作双方风险分担、权益融合、有限追索。

（二）收费公路发展面临的主要问题

1. 交通运输领域公共财政缺位不足问题较为突出。

20 世纪 80 年代以来，各级交通运输部门以这三项政策为基础和支点，撬动银行贷款和社会资金，交通运输部门一家包揽交通筹资、建设、管理等职责的局面逐步形成，推动我国公路建设事业取得了跨越式发展。各地财政部门普遍认为交通运输部门有自己专门的专项税费政策以及相应的筹资融资渠道，一直以来一般财政资金投入很少。长期以来，财政部门有这样的认识并惯性而为之。据了解，全国各地情况差异较大，财力状况不好的省份，财政对交通运输行业的支持力度就小些；财力状况相对较好的省份，各级交通运输部门通过积极争取，每年均有一定的一般公共预算资金和土地出让收入等政府性基金投入交通建设发展。这些年来也陆续有地方政府一般存量债券置换交通部门或下属事业单位的债务和融资平台为政府融资所承担的债务。但相比公益性交通基础设施建养运资金需求，投入比例仍较低，较大规模的资金缺口本应由财政资金和政府债券支付的却由当地交通融资平台公司以债务的形式承担着本息偿付，交通运输领域公共财政缺位不足问题较为突出，公共财政保障制度尚未建立，同时也严重影响了融资平台市场化融资、市场化转型发展。

2. 事权与支出责任不匹配矛盾越来越凸显。

现行交通运输领域财政事权划分及体制机制运行模式，调动和发挥了中央和地方、政府和市场在交通运输发展中的积极性，支撑交通运输业取得了巨大的成就，为国民经济发展、社会进步和人民群众安全、便捷出行发挥了重大的作用。但在新的发展阶段下，现行交通运输财政事权与支出责任划分还不同程度地存在不清晰、不合理、不规范等问题，主要表现在：政府的职能定位不够清晰，一些本应由政府承担的交通基本公共服务，财政负担不够；中央与地方财政事权和支出责任划分不够清晰，地方过多地承担了全国性大通道的建设和养护任务和支出责任，债务负担较重，而中央承担的普通公路发展任务繁重；中央和地方共同承担的事项较多，支出责任不够明确等。这种状况不利于政府有效提供交通运输基本公共服务，与推进国家治理体系和治理能力现代化的要求不相适应，也难以满足交通运输综合协调高效发展新阶段的根本要求。

3. 政府债券资金使用规模受限。

自2015年地方政府全面自行发行地方政府债券以来，地方政府发债规模有较大幅度的提高。2015年地方新增一般债券为5 000亿元，专项债券为1 000亿元；2016年地方新增一般债券为7 800亿元，专项债券为4 000亿元；2017年地方新增一般债务限额8 300亿元、专项债务限额8 000亿元。但各地普遍反映财税体制改革“后门堵死后、前门开得不够大”，政府一般债券和专项债券从总量上难以满足地方发展的需要，运用到交通运输领域的规模总体有限。据不完全统计，2016年行业共争取新增一般债券资金769亿元、专项债券资金133亿元用于新建续建项目。2017年，财政部联合交通运输部将新建政府（还贷）收费公路作为专项债券发行试点的两个领域之一，并分配下达2017年度专项债券限额730亿元，标志着政府收费公路专项债券制度正式建立。但总体上看，2017年全国各地收费公路专项债券额度与收费公路发展资金需求相比缺口还很大，现有额度难以满足当前全国各地收费公路发展的实际需求。

4. PPP模式因相关制度不完善等影响发展空间受限制。

一方面，现行PPP制度机制还不成熟。财政、发展改革等文件操作性不强，有些甚至互相冲突，前期要件多、审批时间长以及税收和土地等配套政策有待完善，项目按PPP模式实施推进难度大。另一方面，项目预期经济收益不乐观。目前，多数新建项目地质条件复杂、施工难度大、征地拆迁费用和工程造价高、社会效益突出，但投资回报率低、投资回收年限长，项目自身经济收益较差。要使项目投资收益具备吸引社会资本参与的能力，地方政府需要给予较大比例的资金支持。近年来，全国各级政府财政收支矛盾普遍较为突出，尽管有些地方各级政府财政收入状况相对较好，但《财政部关于印发政府和社会资本合作项目财政承受能力论证指引的通知》（财金〔2015〕21 号）第二十五条规定："每一年度全部 PPP 项目需要从预算中安排的支出责任，占一般公共预算支出比例应当不超过 10% 。省级财政部门可根据本地实际情况，因地制宜确定具体比例，并报财政部备案，同时对外公布"。在近期中央多次强调政府债务风险防控的背景下，各地政府财政支出规模普遍没有突破 10% 的限制。交通运输项目投资规模大、建设任务重，本级政府当年一般公共预算支出 10% 的空间无法满足当地交通 PPP 项目资金需求。

5. 融资平台受国企改革等政策影响较大。

根据中央关于深化国有企业分类改革的要求，各地要做好各类交通融资平台公司的转型工作，鼓励各类平台兼并重组，发展混合所有制，剥离融资平台公司中的公益性资产和债务，提高融资能力，减轻融资平台公司的债务压力，增强发展后劲；对于资产少、空壳的融资平台要求清理关闭。2017 年 7 月，全国金融工作会议首次强调国有企业去杠杆，并放在工作的重中之重。主要原因是国有企业尤其是融资平台公司背后的政府信用，决定国有金融机构和国有企业之间存在着先天关联关系，多年来国有金融机构主要支持国有企业，国有企业为了发展通过贷款等方式向银行借债，用较小的权益资产支持较大经营规模，同时挤压了中小民营企业在市场获得融资的空间。从这个意义上讲，国家金融风险主要集中在高杠杆的国有企业，为防范金融风险，去杠杆先从国有企业着手。

各地交通投融资平台公司转型发展受国有企业去杠杆影响较大。目前，各地投融资平台正在基于公司承担公司的功能性定位和国有企业市场化改革要求进行转型发展，作为社会资本方积极参与地方高速公路 PPP 项目，但受高速公路造价成本高、路网不断密集后交通量偏低等因素影响，项目经济效益普遍较差，而项目除中央和市本级有一定资金支持外，其他大部分建设资金均通过银行贷款方式筹集，公司债务规模大、负债水平高。地方融资平台公司要实现更好发展就需要不断承接新项目，如果本级政府作为国有企业出资者缺乏资本注入的机制，企业资产负债率（杠杆率）就会提高，这与中央关于国有企业去杠杆的要求不符。

6. 交通行业融资成本不断上升。

2016 年以来，随着去杠杆的深入，市场资金供给普遍收紧、货币市场利率进入上升通道。加之，受美国进入加息周期的影响，可能会引发全球货币政策的调整和转向，特别是对国内利率水平会形成一个上涨的预期，抬升交通企业信贷融资成本也会影响到政府债券的发行利率。据不完全统计，高速公路企业的融资成本从2016 年最低2. 5% 快速上涨到基准利率。部分地方融资平台公司发行企业债券成本一度超过 9% ，周转性借贷成本超过 12% ，地方政府债券的融资成本也提升到 4% 左右。总之，受国家货币政策调整、美国市场进入加息通道以及中央防范金融风险等政策实施，各级交通融资平台公司通过市场融资和政府发行债券融资成本将不断上升。

（三）融资创新是收费公路行业发展的现实需求

改革开放以来，经过交通运输全行业的努力，我国收费公路事业取得辉煌成就。然而，在公路建设不断发展、公路里程不断增加的同时，全国收费公路建设融资主体的债务负担也越来越重，全国收费公路债务余额逐年增加，已经成为公路发展的一个重大制约。

根据交通运输部“十三五”规划，“十三五”期间，全国每年将完成公路建设投资 1. 6 万亿元。这样，势必造成债务规模将继续扩大。与此同时，通行费收入却呈现增幅持续放缓的态势，还本付息压力将进一步增大。

此外，国家收紧地方政府融资平台贷款、严格信贷监管、审计核查政府性债务等一系列宏观经济调控措施，过去惯用的“以贷还贷、借新还旧”方式受到监管和限制，导致高速公路企事业单位债务周转困难、资金链条紧张、债务风险加大。同时，经过近几年的快速培育发展，我国收费公路建设所面临的融资市场也更加广阔，可选择的金融产品也更加丰富和复杂。因而，当前形势下，如何充分利用各债务融资市场不同的金融产品筹措资金，并且不断适应国家日趋严格的金融监管要求，规范单位债务资金筹措和使用行为，科学合理作好债务周转，维持资金链条的连续性，妥善化解到期债务偿还风险；如何通过科学的制度和政策安排，通过合理有效的金融创新来使得交通运输主管部门能够在有效规避债务风险的前提下，获得新的高速公路建设资金，保障全国高速公路交通事业可持续发展，是公路交通运输主管单位和经营单位亟待解决的共同问题。

最近几年，全国各地公路交通行业都在积极探索收费公路建设融资模式创新，并取得阶段性的成果。目前比较有代表性的融资模式主要是政府与社会资本合作模式、产业投资基金、资产证券化以及项目收益债券。

二、PPP 模式应用研究

（一）PPP 模式概述

1. PPP 模式的概念。

PPP 是“Private – Public – Partnership”的缩写，即政府和社会资本合作。根据 2014 年 9 月财政部《关于推广运用政府和社会资本合作模式有关问题的通知》（简称“财政部 76 号文”），PPP 是指政府和社会资本为提供某种公共物品或公共服务，以特许经营权协议为基础而建立起来的一种长期合作关系。通常模式是由社会资本承担设计、建设、运营、维护基础设施的大部分工作，并通过“使用者付费”及必要的“政府付费”获得合理投资回报；政府部门负责基础设施及公共服务价格和质量监管，以保证公共利益最大化。

在PPP模式下，通常需要通过正式的协议来明确政府和社会资本之间的权利和义务，以确保项目的顺利完成。在这种关系下，公共部门与社会资本发挥各自的优势来提供公共服务，共同分担风险、分享收益。PPP模式的实质是政府通过给予社会资本长期的特许经营权和收益权，将市场中的竞争机制引入基础设施建设中，以期达到更有效的提供公共服务的目的。

PPP模式代表的是一个完整的项目融资概念。政府并不是把所有项目的责任全部转移给私营企业，而是由参与合作的各方共同承担责任和融资风险。政府的公共部门与私人参与者以特许经营协议为基础进行合作，与以往私人企业参与公共基础设施建设的方式不同，双方的合作始于项目的确认和可行性研究阶段，并贯穿项目的整个过程。

2. PPP模式的特征。

一是项目为主体。PPP项目主要根据项目的预期收益、资产以及政府扶持措施的力度来安排融资，其贷款的数量、融资成本的高低以及融资结构的设计都是与项目的现金流量和资产价值直接联系在一起，因此PPP项目的融资是以项目为主体的融资活动。

二是有限追索贷款。传统融资模式实行的是根据借款人自身资信情况确定的完全追索贷款，而PPP项目融资实行的是有限追索贷款，即贷款人可以在贷款的某个特定阶段对项目借款人实行追索，或在一个规定范围内对公私合作双方进行追索。除此之外，项目出现任何问题，贷款人均不能追索到项目借款人除该项目资产、现金流量以及政府所承诺义务之外的任何形式的资产。

三是合理分配投资风险。PPP 模式可以尽早地确定哪些基础设施项目能够进行项目融资，并且可以在项目的初始阶段就较合理地分配项目整个生命周期中的风险，而且风险将通过项目评估时的定价而变得清晰。

四是资产负债表之外的融资。PPP 项目的融资是一种资产负债表之外的融资。根据有限追索原则，项目投资人承担的是有限责任，因而通过对项目投资结构和融资结构的设计可以帮助投资者将贷款安排为一种非公司负债型融资，使融资成为一种不需进入项目投资者资产负债表的贷款形式。

五是灵活的信用结构。PPP 项目具有灵活的信用结构，可以将贷款的信用支撑分配到与项目有关的各个方面，提高项目的债务承受能力，减少贷款人对投资者资信和其他资产的依赖程度。

（二）相关政策规定

2014 年 9 月，国务院出台《关于加强地方政府性债务管理的意见》（国发〔2014〕43 号），明确提出推广使用政府与社会资本合作模式，加快建立地方政府举债融资机制。此后，财政部、国家发展改革委相继出台了一系列指导性文件，就 PPP 模式应用的具体业务模式、操作流程等方面，给出了通用性的指导。

1. 关于操作流程。

财政部《关于印发政府和社会资本合作模式操作指南（试行）的通知》（财金〔2014〕113 号）规定，PPP 项目操作流程包括项目识别、项目准备、项目采购、项目执行和项目移交五个阶段（详见图 7 – 1）。

（1）项目识别，主要是挑选适合采用 PPP 模式的项目，PPP 模式主要适用于投资规模较大、需求长期稳定、价格调整机制灵活、市场化程度较高的基础设施及公共服务类项目。项目识别包括项目发起、项目筛选、物有所值评价

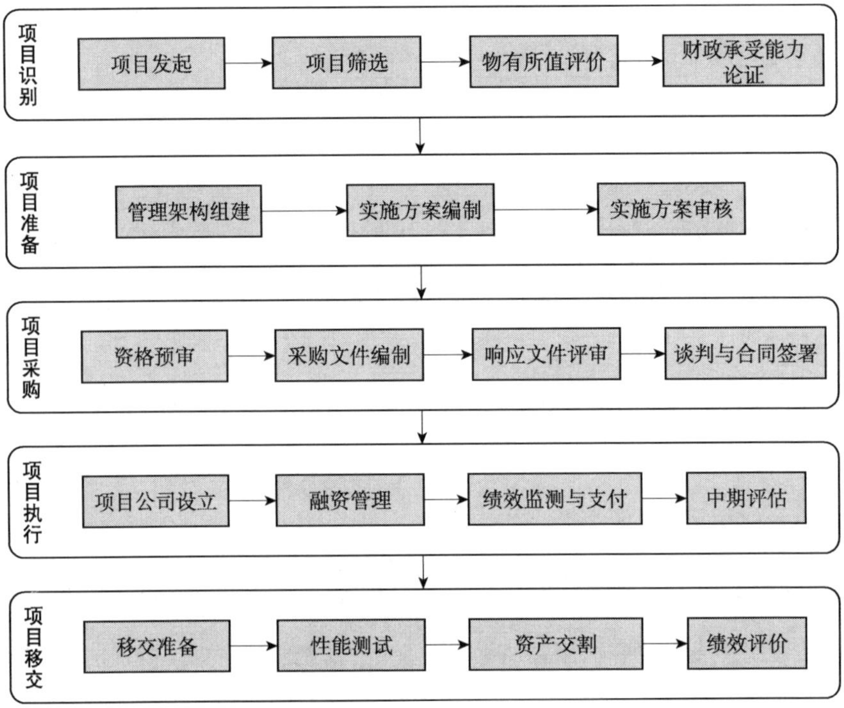

图 7－1　PPP 项目操作流程

和财政能力论证四个环节。PPP 项目可由政府或社会资本发起，以政府发起为主，项目发起形成潜在 PPP 项目。此后，由财政部门应会同行业主管部门进行评估筛选，确定备选项目并制订项目年度和中期开发计划。物有所值评价由财政部门会同行业主管部门开展，财政承受能力论证针对政府付费或政府补贴的项目，由财政部门根据项目全生命周期内的财政支出、政府债务等因素进行。只有通过物有所值评价和财政承受能力论证的项目才可进入项目准备。

（2）项目准备，包括管理架构组建、实施方案编制和实施方案审核三个环节。管理架构包括协调机制的建立以及项目实施机构的组建。项目实施方案是项目在开发准备环节，作为发起人或者牵头方的企业（即项目方），在项目识别阶段的项目建议书和初步实施方案基础上进行编制；项目实施方案一般包括项目概况、风险分担与收益共享、项目运作方式、交易结构、合同体系以及监管架构等内容。实施方案审核，物有所值评价和财政承受能力验证是重点，同时要经地方政府进行审核通过。

（3）项目采购，主要是通过合适的采购方式选择社会资本合作方。项目采购阶段的主要环节包括：项目前期技术交流、编制资格预审文件、发布资格预审公告、资格预审不足三家的采购方式调整、资格预审结果、编制项目采购文件、采购文件的澄清或修改、社会资本准备投标文件、缴纳保证金、现场考察和标前会、项目审查、项目合同谈判以及签署谈判备忘录和公示。

（4）项目执行，是PPP项目产生物有所值、发挥效益的关键阶段，通常包含包括八个环节，分别是项目公司设立、融资管理、项目建设、试运营、绩效监测与支付、合同履约管理、应急管理和中期评估。

（5）项目移交，通常是指在项目合作期限结束或者项目合同提前终止后，项目公司将全部项目设施及相关权益以合同约定的条件和程序移交给政府或者政府指定的其他机构。PPP项目特许经营期满后，项目公司便需要将项目的经营权（或所有权与经营权同时）向政府移交。

项目移交的基本原则是，项目公司必须确保项目符合政府回收项目的基本要求。项目合作期限届满或项目合同提前终止后，政府需要对项目进行重新采购或自行运营的，项目公司必须尽可能减少移交对公共产品或服务供给的影响，确保项目持续运营。

2. 关于操作模式。

财政部《关于印发政府和社会资本合作模式操作指南（试行）的通知》（财金〔2014〕113号）规定，项目运作方式主要包括委托运营（Operations &

Maintenance，简称 O&M）、管理合同（Management Contract，简称 MC）、建设—运营—移交、建设—拥有—运营（Build - Own - Operate，简称 BOO）、转让—运营—移交（Transfer - Operate - Transfer，简称 TOT）和改建—运营—移交（Rehabilitate - Operate - Transfer，ROT）等。具体运作方式的选择主要由收费定价机制、项目投资收益水平、风险分配基本框架、融资需求、改扩建需求和期满处置等因素决定。

国家发展改革委《关于开展政府和社会资本合作的指导意见》（发改投资〔2014〕2724 号）规定，PPP 模式应用有以下三种操作模式可供选择：（1）经营性项目。对于具有明确的收费基础，并且经营收费能够完全覆盖投资成本的项目，可通过政府授予特许经营权，采用建设—运营—移交（BOT）、建设—拥有—运营—移交（BOOT）等模式推进。要依法放开相关项目的建设、运营市场，积极推动自然垄断行业逐步实行特许经营。（2）准经营性项目。对于经营收费不足以覆盖投资成本、需政府补贴部分资金或资源的项目，可通过政府授予特许经营权附加部分补贴或直接投资参股等措施，采用建设—运营—移交（BOT）、建设—拥有—运营（BOO）等模式推进。要建立投资、补贴与价格的协同机制，为投资者获得合理回报积极创造条件。（3）非经营性项目。对于缺乏“使用者付费”基础、主要依靠“政府付费”回收投资成本的项目，可通过政府购买服务，采用“建设—拥有—运营”（BOO）、委托运营等市场化模式推进。要合理确定购买内容，把有限的资金用在刀刃上，切实提高资金使用效益。

3. 关于回报机制。

财政部《关于印发政府和社会资本合作模式操作指南（试行）的通知》（财金〔2014〕113 号）规定，项目回报机制主要说明社会资本取得投资回报的资金来源，包括使用者付费、可行性缺口补助和政府付费等支付方式。其中：使用者付费是指由最终消费用户直接付费购买公共产品和服务；可行性缺口补助是指使用者付费不足以满足社会资本或项目公司成本回收和合理回报，而由政府以财政补贴、股本投入、优惠贷款和其他优惠政策的形式，给予社会资本或项目公司的经济补助；政府付费是指政府直接付费购买公共产品和服务，主要包括可用性付费、使用量付费和绩效付费。政府付费的依据主要是设施可用性、产品和服务使用量和质量等要素。

财政部《关于规范政府和社会资本合作合同管理工作的通知》（财金〔2014〕156号）中关于“PPP项目合同指南（试行）”提出，在采用政府付费机制的项目中，政府按项目的可用性、使用量或绩效来付费是项目的主要回报机制；在采用可行性缺口补助机制的项目中，也需要政府提供一定程度的补助。

4. 关于风险分配。

财政部《关于印发政府和社会资本合作模式操作指南（试行）的通知》（财金〔2014〕113号）《关于规范政府和社会资本合作合同管理工作的通知》（财金〔2014〕156号）规定，应按照风险分配优化、风险收益对等和风险可控等原则，综合考虑政府风险管理能力、项目回报机制和市场风险管理能力等要素，在政府和社会资本间合理分配项目风险。

原则上，项目设计、建造、财务和运营维护等商业风险由社会资本承担，法律、政策和最低需求等风险由政府承担，不可抗力等风险由政府和社会资本合理共担。

5. 关于合同体系。

财政部《关于印发政府和社会资本合作模式操作指南（试行）的通知》

（财金〔2014〕113号）《关于规范政府和社会资本合作合同管理工作的通知》（财金〔2014〕156号）规定，在PPP项目中，项目参与方通过签订一系列合同来确立和调整彼此之间的权利义务关系，构成PPP项目的合同体系（详见图7－2）。

PPP项目的合同通常包括PPP项目合同、股东协议、履约合同（包括工程承包合同、运营服务合同、原料供应合同、产品或服务购买合同等）、融资合同和保险合同等。其中，PPP项目合同是整个PPP项目合同体系的基础和核心。

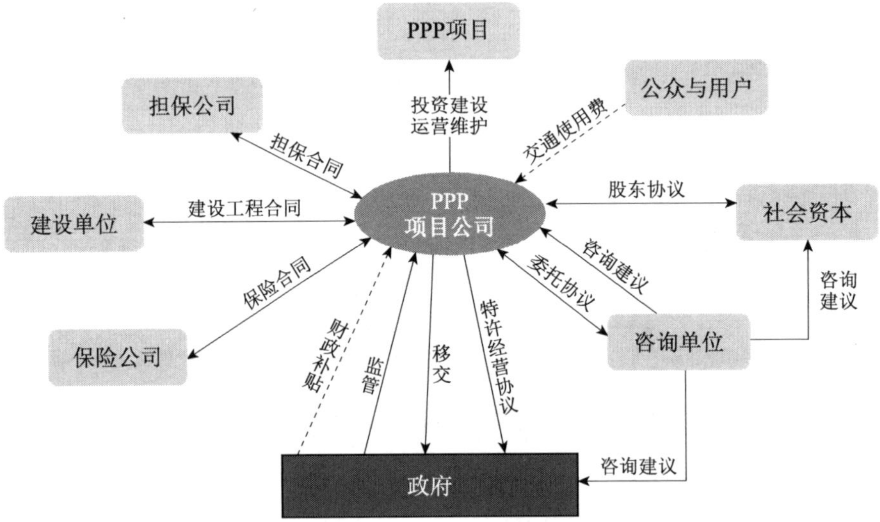

图7－2　PPP项目典型合同体系

6. 关于监管框架。

财政部《关于印发政府和社会资本合作模式操作指南（试行）的通知》（财金〔2014〕113号）规定，监管架构主要包括授权关系和监管方式。授权关系主要是政府对项目实施机构的授权，以及政府直接或通过项目实施机构对社会资本的授权；监管方式主要包括履约管理、行政监管和公众监督等。

7. 关于绩效评价。

财政部、国家发展改革委近年出台的各项规定中均明确，绩效评价工作是监督与管理 PPP 项目规范执行的重要手段。

财政部《关于推广运用政府和社会资本合作模式有关问题的通知》（财金〔2014〕76 号）指出，财政补贴要以项目运营绩效评价结果为依据，综合考虑产品或服务价格、建造成本、运营费用、实际收益率、财政中长期承受能力等因素合理确定；要根据评价结果，依据合同约定对价格或补贴等进行调整，激励社会资本通过管理创新、技术创新提高公共服务质量。

财政部《政府和社会资本合作项目财政管理暂行办法》（财金〔2016〕92 号）指出，合同应当约定项目具体产出标准和绩效考核指标，明确项目付费与绩效评价结果挂钩；各级财政部门应依据绩效评价结果合理安排财政预算资金。对于绩效评价达标的项目，财政部门应当按照合同约定，向项目公司或社会资本方及时足额安排相关支出。对于绩效评价不达标的项目，财政部门应当按照合同约定扣减相应费用或补贴支出。

国家发展改革委《关于印发传统基础设施领域实施政府和社会资本合作项目工作导则的通知》（发改投资〔2016〕2231 号）指出，PPP 项目合同中应包含 PPP 项目运营服务绩效标准。项目实施机构应会同行业主管部门，根据 PPP 项目合同约定，定期对项目运营服务进行绩效评价，绩效评价结果应作为项目公司或社会资本方取得项目回报的依据。

财政部《关于规范政府和社会资本合作（PPP）综合信息平台项目库管理的通知》（财办金〔2017〕92 号）规定，未建立按效付费机制的项目不得入库，包括通过政府付费或可行性缺口补助方式获得回报，但未建立与项目产出绩效相挂钩的付费机制的；项目建设成本不参与绩效考核，或实际与绩效考核结果挂钩部分占比不足30%，固化政府支出责任的。

《基础设施和公共服务领域政府和社会资本合作条例（征求意见稿）》规定，合作项目协议中应当约定，社会资本方的收益根据合作项目运营的绩效进行相应调整。由使用者付费或者政府提供补助的合作项目，合作项目协议应当载明价格的确定和调整机制；依法实行政府定价或者政府指导价的项目，按照政府定价或者政府指导价执行。

8. 关于退出机制。

目前来看，社会资本方的退出机制安排已经纳入为国家和各部委关于PPP机制的应有内容，列入PPP合同管理和文本的重要组成部分，成为PPP合同的关键环节之一，并提出了退出机制的框架性要求。

《关于创新重点领域投融资机制鼓励社会投资的指导意见》（国发〔2014〕60号）明确提出，健全退出机制。政府要与投资者明确PPP项目的退出路径，保障项目持续稳定运行。项目合作结束后，政府应组织做好接管工作，妥善处理投资回收、资产处理等事宜。

国家发展改革委为贯彻国发〔2014〕60号文精神，发布了《关于开展政府和社会资本合作的指导意见》（发改投资〔2014〕2724号），明确将“退出机制”作为重要的一环予以规范，并提出政府方要“依托各类产权、股权交易市场，为社会资本提供多元化、规范化、市场化的退出渠道”。

财政部《关于规范政府和社会资本合作合同管理工作的通知》（财金〔2014〕156号）中指出，要兼顾灵活，合理设置一些关于期限变更（展期和提前终止）、内容变更（产出标准调整、价格调整等）、主体变更（合同转让）

的灵活调整机制，为未来可能长达20～30年的合同执行期预留调整和变更空间。

（三）收费公路推广应用PPP模式的政策背景及重要意义

1. 政策背景。

2015年4月20日，交通运输部联合财政部颁布《关于在收费公路领域推广运用政府和社会资本合作模式的实施意见》（财建〔2015〕111号），鼓励社会资本通过政府和社会资本合作（PPP）模式，参与收费公路投资、建设、运营和维护，与政府共同参与项目全周期管理，发挥政府和社会资本各自优势，提高收费公路服务供给的质量和效率。

收费公路推广应用PPP模式，从而创新公路投融资模式。社会投资者按照市场化原则出资，独自或与政府指定机构共同成立项目公司建设和运营收费公路项目，政府逐步从“补建设”向“补运营”转变，以项目运营绩效评价结果为依据，适时对价格和补贴进行调整，支持社会资本参与收费公路建设运营，提高财政支出的引导和带动作用，拓宽社会资本发展空间，有效释放市场活力。

收费公路领域推广PPP模式的重要原则是循序渐进，逐步推广。坚持盘活存量、用好增量、分类施策。对于社会效益突出但经营性收费不足以覆盖投资成本、需政府补贴部分资金或资源才能进行商业化运作的项目，鼓励按照PPP模式设计运作。鉴于目前全国公路网络正处于联网关键阶段，建设任务繁重，重点推进确需建设但投入较大且预期收益稳定的公路建设项目，鼓励按照PPP模式设计运作。按照政府性债务管理要求，做好融资平台公司项目向PPP项目转型的风险控制工作。作为一种高效融资管理方式，PPP模式的再度复兴或将成为收费公路建设的有力推手。

2. 重要意义。

PPP模式对于收费公路行业并不是全新的东西，其实质与收费公路行业应用比较普遍的BOT模式接近。由于其更加强调政府财政对收费公路的支持，以及政府职能的转变，因而对于收费公路行业又有其独特的意义，主要体现在下面几个方面。

一是顺应交通投融资体制改革形势。自2014年9月以来，新《预算法》、国发〔2014〕43号文等陆续印发，交通运输行业原有的筹融资模式被彻底打破，以前主要依靠地方交通融资平台募集建设资金的模式被终止，今后交通建设发展融资将主要依靠地方政府债券和PPP模式，然而受限于地方政府债券总额度和能用于交通领域额度的限制，PPP模式将成为交通基础设施建设发展特别是新建项目的重要融资手段，特别是收费公路，是PPP模式推广应用的重点领域。

二是符合收费公路行业发展需要。社会经济发展仍对收费公路建设不断提出新的需求。近年来全国公路基础设施年度投资已经达到1.5万亿元左右，全部由政府投资显然不现实。尤其是多年来全国范围内征地拆迁成本不断攀升、建筑业劳动力成本不断提高，而新建项目投资规模大、收费效益较低、投资回收期较长，很难通过传统BOT模式吸引社会资本参与。采用PPP模式吸引社会资本出资，一方面可以解决建设期投资资金压力，另一方面可以激励社会资本提升投资建设和运营效率，让项目在整个全寿命周期内考虑成本最小化。因此，采用PPP模式运作高速公路项目可以为社会提供更好的公共服务，符合公路交通行业发展的需求。

三是促进政府真正职能转变。转变政府职能就是要理清政府和社会的关系、政府和市场的关系，使市场在资源配置中起决定性作用和更好发挥政府作用。运用PPP模式要求政府与社会资本合作中“既不越位也不失位”，一方面要遵循市场原则和契约精神，切实履行义务，承担相应的风险；另一方面在加强项目规划、筛选和评估的同时，通过建立和落实积极绩效的考核机制，加强对社会资本的监管，切实保障公共产品和服务质量得到提高，达到物有所值。

从国际国内实践看，PPP项目有成功的，也有失败的，成功实施PPP项目，关键在于制度设计，论证科学、重诺履约。在我国推广PPP模式，要在借鉴国际经验的基础上，结合交通运输行业发展状况和监督管理体制，开展一些项目试点，积累经验，尽快提炼和形成相对统一的范例。

（四）案例分析：河南PPP项目

1. 项目概况。

（1）基本情况：河南PPP项目是河南省高速公路网规划重要组成部分，向东接山东境的高速公路网，向西连接晋东南，是连接豫北、鲁西乃至晋东南的一条东西向高速通道。本项目以双向四车道（黄河桥双向六车道）高速公路标准建设，路线全长37.66公里，设计速度每小时120公里，路基宽27米，估算总投资约45.1亿元，计划2020年建成通车，预计建成后可供年平均日交通量15 000辆小客车以上的车辆通行。

（2）运作模式：项目拟采用“施工总承包＋政府补贴”模式，由社会资本成立项目公司，项目资本金由社会资本筹集。资本金以外的融资贷款由项目公司作为贷款主体向银行贷款或通过其他方式融资，融资担保为项目30年收费权质押。政府在建设期给予投资补助。

（3）特许经营期：项目特许经营期分为建设期和运营期（含收费期）两个阶段，其中，建设期：36个月，自项目开工日起至交工日止；运营期（含收费期）：自交工日起至项目移交日止，其中收费期30年，自本项目收费许可颁布之日起计。

(4) 特许经营权：政府授予项目公司独占的具有排他性的特许经营权，该权利在整个特许经营期内有效。项目公司享有的特许经营权包括：①投资、建设项目的权利；②运营、管理项目的权利；③收取车辆通行费的权利；④项目沿线规定区域内的服务设施经营权；⑤项目沿线规定区域内的广告经营权等。

2. 主要创新点。

(1) 政府补助采取“补建设”模式：通过测算政府支出金额及现值的对比，“补建设”模式比较“补运营”模式具有较多优势：一是大幅降低政府支出责任，减轻财政压力；二是考虑到项目运营期使用者付费收入是基于未来车流量和收费标准预测，具有一定的不确定性，“补建设”模式可避免政府承担项目市场风险；三是公路建设项目投资规模大、建设期资金压力大，建设期给予补助有利于项目融资和建设；四是公路项目作为线性工程，占地规模大，涉及面广，政府负责征地拆迁及费用既有利于提高征迁协调力度，加快项目实施进度，也有助于合理控制相关费用，降低工程投资。

(2) 超额收益分成机制：通过设计超额利益分成的机制，避免社会投资人获得过多超额收益，同时减轻了政府财政压力，充分体现了 PPP 模式利益共享原则。

(3) 合理的风险分担机制：项目实施方案对项目各类风险进行了详细识别，并分类制定风险分担机制，在对总投资进行控制的基础上，单独考虑征地拆迁的投资机制。

(4) 创新招标文件：现阶段，行业主管部门交通运输部尚无此类项目的招标文件范本，本项目招标文件以交通运输部关于公路工程和经营性公路建设项目的招标文件范本为基础，并结合财政部、国家发展改革委关于政府与社会资本合作合同文本框架结构及内容说明的指导意见编制而成，在河南省高速公路 PPP 项目领域属于首创。

（5）建立强有力的领导协调小组和完善的配套政策和措施：在市政府 PPP 协调机构的基础上，成立由市长为组长，市政府办、市交通运输局、市财政局、市发改委、市环保局、市规划局、市国土局等相关单位为成员单位的项目专门协调机制，设立办公室处理日常工作，为推动项目的顺利推进和规范运作提供了强有力的组织和政策保障。

本项目获得了政府完善的配套政策和措施，为项目顺利实施提供了必要条件，项目相关配套安排主要包括由项目以外相关机构提供的政策支持、投资补贴、土地、水、电、气和道路等配套设施和项目所需的上下游服务。

（6）建立完备的 PPP 项目监管体系：清晰确定政府与市场的边界、详细设计相应监管机制，成为 PPP 模式下政府做好监管工作的关键。本项目中的政府监管主要体现在文件、计划、申请的审批，建设、试运营的验收、备案，运营过程和服务质量的监督检查三个方面；监管范围包括投资、建设、运营的全过程。

三、产业投资基金应用研究

产业投资基金由于自身的优势与收费公路的行业特征能够相得益彰而受到高速公路行业关注，与此同时，产业投资基金也在积极寻求优质的投资机会，而开始尝试投资于收费公路等基础设施建设领域。

（一）产业投资基金基本内涵

2004 年国家发展改革委颁布的《产业投资基金管理暂行办法》对产业投

资基金的含义、发起及设立等做了相关规定。

1. 产业投资基金含义。

产业投资基金是指一种对未上市企业进行股权投资和提供经营管理服务的利益共享、风险共担的集合投资制度，即通过向多数投资者发行基金份额设立基金公司，由基金公司自任基金管理人或另行委托基金管理人管理基金资产，委托基金托管人托管基金资产，从事创业投资、企业重组投资和基础设施投资等实业投资。

2. 产业投资基金的优势。

产业投资基金与其他股权投资方式相比较有许多优势，主要集中在以下三个方面：

（1）集合投资优势。产业投资基金将投资者分散的资金集合起来，进行规模化投资，既可以避免单个投资者选择投资项目时的盲目性，为资金实力较弱的单个投资者提供投资大型项目的途径；又可以发挥规模投资在建立投资组合、降低投资成本、寻找优秀项目上的相对优势，获得规模效益的好处。

（2）股权投资优势。对企业而言，股权融资资金具有长期性，其股利分配没有严格的时间限制，不存在每期还本付息的压力，有利于保证投资项目的有效实施。而且，股权融资获得的资金量一般也比较大，便于联合运营经验丰富、技术水平先进的国内外专业技术/管理公司共同运营管理，可以有效地提高项目的整体运行效率。与此同时，投资者更加注重企业的经营管理，提供更多的增值管理服务。

（3）专家管理优势。产业投资基金由专门的基金管理公司管理，基金管理人独立行使投资管理权，负责基金资金的投资和运用，能够实现专家理财和管理。基金管理人为受资企业提供多方面的管理型服务，并委派经验丰富的行业专家加入企业董事会，参与项目的经营管理。此外，基金管理公司专家还负责对投资项目的投资风险加以识别、评估、控制，建立项目风险控制业务流程，提高项目评估的准确性，降低投资风险。

3. 产业投资基金设立条件。

设立产业投资基金须经国家发展改革委员会核准。设立产业投资基金应当具备下列条件：

（1）基金拟投资方向符合国家产业政策；

（2）发起人须具备3年以上产业投资或相关业务经验，在提出申请前3年内持续保护良好财务状况，未受到过有关主管机关或者司法机构的重大处罚；

（3）法人作为发起人，除产业基金管理公司和产业基金管理合伙公司外，每个发起人的实收资本不少于2亿元；自然人作为发起人，每个发起人的个人净资产不少于100万元；

4. 管理机关规定的其他条件。

产业投资基金须按封闭式设立，即事先确定发行总额和存续期限，在存续期内基金份额不得赎回，只能转让。产业投资基金存续期限不得短于10年，不得长于15年。

（二）产业投资基金的组织形式

1. 三种组织形式。

依据我国现行有关法律法规，产业投资基金组织形式包括公司型、有限合伙型和契约型。

（1）公司型。公司型产业投资基金由发起人依据《公司法》，在公司章程中规定其业务范围包括有价证券和股权投资业务。投资者作为股东参与投资，依法享有股东权利，并以其出资额为限对公司债务承担有限责任。董事会与监事会由股东大会选出，再由董事会选聘基金管理公司，基金管理公司负责管理基金业务。由于公司型基金的管理模式是委托管理，在法律关系上会涉及四方当事人，即基金股东、基金公司、基金管理人和基金托管人。在我国，公司型基金除受《公司法》规范外，还受《信托法》规范。这样，公司法所要求的公司治理制度和信托法要求的受托人责任可以双重保护投资者权益，同时中小投资者也可以参与投资，按比例获得回报。

然而，公司型产业投资基金也受到诸多限制。如根据《公司法》规定，采用有限责任公司形式发起成立的基金，股东人数不得超过 50 人；如采用股份有限公司形式，则发行人不得超过 200 人。而且，现行的税务制度要求，在公司所得税之外，还需就分配的利润缴纳个人所得税。上述因素均可能影响投资者对公司型产业投资基金的兴趣。

（2）有限合伙型。有限合伙型产业投资基金由投资者依据《合伙企业法》成立有限合伙企业，有限合伙人以其所投资的资金总额为限承担责任，但不参与基金的日常管理，不具有股东所拥有的一些决策权；普通合伙人是专业的基金管理人，具体负责基金投资运作，对合伙债务承担无限连带责任。基金管理人也可委托专业的基金管理机构承担。

然而，我国法律对合伙型产业投资基金也有限制。如根据《合伙企业法》规定，有限合伙企业应由 2 人以上 50 个以下合伙人设立，限制了投资人数。另外，机构投资者的资格受到限制，法人或非法人企业、组织成为普通合伙人有限制，公司型基金也不能成为普通合伙人。

（3）契约型。契约型产业投资基金是由基金投资人将其资金以购买基金份额的方式集合到一起，委托专业机构管理运用信托资产组合，投资于各种产业。

信托型产业投资基金具有避免双重征税以及破产隔离等特点，对投资者颇有吸引力。但信托型产业投资基金的最大弊端是不具有法人资格，在投资未上市企业股权时，无法直接作为股东进行工商注册，通常以基金管理人的名义认购所投项目股权，并且涉及信托中间机构，增加基金的运作成本。

2. 有限合伙制是实践中的主流模式。

从目前我国产业投资基金组织形式选择看，除个别的引导基金采用公司制外，大部分基金采用有限合伙制。有限合伙制基金相比于公司制、契约制基金两种组织方式，具有如下优势：

（1）合伙人的职责界定清晰。有限合伙企业是普通合伙人与有限合伙人共同组成合伙，其中普通合伙人出资出力，参与经营管理，对合伙企业债务承担无限连带责任；有限合伙人只提供资金，不直接参与决策和经营，以其出资为限承担有限责任。

在有限合伙中，既有人合因素又有资合因素，它承载了无限责任和有限责任两种责任形式，既能扩大融资渠道，又能积极防范“道德危险因素”的出现，可以有效地解决公司制的弊端。

（2）合伙人进退便捷。有限合伙制产业投资基金是资本聚合型机构，国家监管的总体态度是尊重合伙人的意志，基金计划扩资或减资，只要合伙人做出决议即可，无需履行公司繁杂的增减资程序，也无需主管部门审批。

（3）分配方式灵活。有限合伙制产业投资基金没有所谓的“注册资本”“持股比例”等概念，法律法规也没有强制要求合伙人按出资比例分享基金收益，其分配方式不受固有模式限制，既可以保障合伙人的投资收益，也能够激励基金管理人专注投资管理，以使全体合伙人均能获得更高回报。

（4）可以降低运作成本。一是由于有限合伙不是税法上的纳税主体，当有限合伙形式企业取得盈利时，它无须就该盈利缴纳所得税、利得税或其他税，只是投资者从机构取得的相应利润中缴纳所得税，这就使投资者避免了重复纳税；二是从日常管理费用的支出来看，由于有限合伙协议是一种自由合同，当事人可以通过协商约定双方都满意的权利义务条件，即可以通过合理确定普通合伙人从合伙中抽取的固定比例来事先固定其成本，因而管理费用也是可控的。

（5）有限合伙是投资者与专业人员的最佳组合。投资者希望找到可信赖的经营专才实现资本增值，创造投资回报，而懂经营、善管理的经营专才对资金望眼欲穿。有限合伙使其紧密结合，建立起互相信赖的机制，避免合伙企业的共同管理易引起的职责不清、管理混乱的缺陷，从而充分实现资本效益的最大化。

（三）产业投资基金资金来源

1. 政府资金。

政府资金作为一种政策性投资和信用支撑进行参与，对基金发展起着强有力的支持作用。在开始启动时尤为重要。政府资金在资本市场的资金配置上具有明显的“示范”和“引导”效应，主要是为了贯彻国家产业政策，鼓励和支持相关产业发展，“帮助”市场机制更好地发挥作用，以实现宏观经济目标，通常采取使用较小规模资金带动较大规模机构和私人投资的方式。另外，政府在有些情况下出于对产业投资基金的监管要求也会投入部分资金。

2. 金融机构投资。

（1）社会保障资金。社保资金以“长期投资”和“价值投资”为投资理念，以“安全至上、控制风险、强化运营、提高收益”为投资方针，其所内在具有的增值保值的本质要求其在运营中寻求多元化投资。节能减排产业投资基金较大的市场投资规模、较长的投资期限、较稳定的投资回报对社保基金而言是十分合适的。

（2）保险资金。保险资金属于长期资金，面临长期利率和短期利率波动风险，在利率频繁波动情况下，保险资金化解利率风险的需求更为现实和迫切，这样的资金来源性质和利率环境要求相应的投资产品与之匹配，即具有稳定的投资收益和可以对利率风险有效化解。同时，长期以来投资渠道狭窄制约着我国保险资金投资收益率的增长。尽管相关法规已批准保险资金参与投资银行存款、债券、股票、基金等各类金融产品，但是保险资金运用局限于金融市场，较少参与实体经济，使保险资金无法获得实体经济增长所带来的资本红利。

（3）商业银行。目前，我国商业银行的资产运作以商业贷款为主，信贷风险较大，银行资产必须尝试多元化投资，以降低资产的整体风险。从国际经验看，随着分业经营向混业经营转换趋势的加强，银行参与到具有很大发展潜力的产业投资基金，同一般信贷相比较反而有减少坏账的可能性。投资产业投资基金，银行以投资者身份参与，充分依靠基金管理者的专业优势和经验，可以大大降低投资风险，从而有利于商业银行合理有效地配置资产。

3. 企业资金。

大型企业拥有雄厚资金实力，其投资于产业投资基金，既可以满足产业发展的资金需求，又成为大型企业集团发展的一种战略选择，节省研发费用，直接获得研究成果以保持技术领先地位、实现自身产业升级。我国大型交通企业集团较多，凭借其资金实力、技术优势及产业经验和地位，将是我国产业投资基金的潜在投资者。

4. 民间私人资金。

随着居民个人资产的增加和现代金融投资意识的深入人心，广大居民的投资需求会越来越大，在追求资金安全性的同时，也开始追求资金的收益性。可见，民间私人持有资金将是未来产业投资基金重要的资金来源渠道，而其中高收入阶层应该是产业投资基金的最主要目标群体。

（四）收费公路产业投资基金设立要点

收费公路产业投资基金业务框架如图7－3所示。

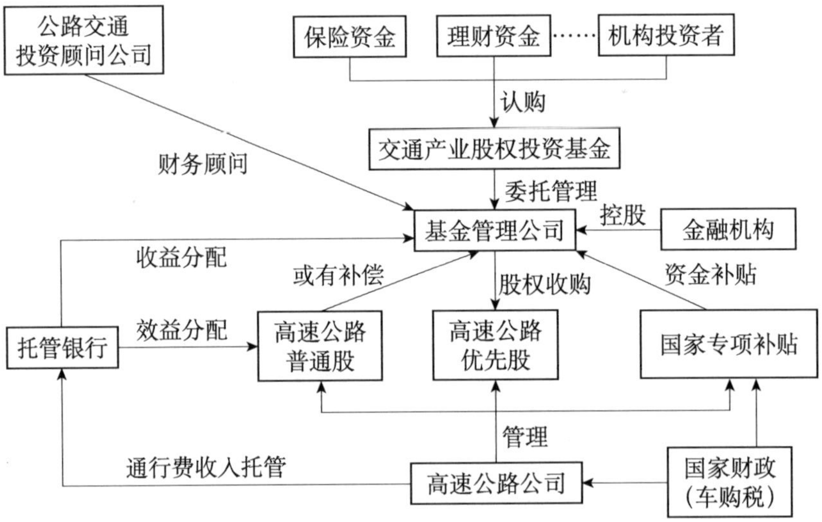

图7－3　收费公路产业投资基金业务框架

1. 确定基金管理公司。

产业投资基金的优势之一就是专家管理。因此，选择优秀的基金管理公司是产业基金高质量运营的关键和前提条件。可以通过竞争性方式确定优秀的基金管理人，既有独立的市场化运作能力，又具有收费公路行业背景。

2. 基金的投资对象。

为控制投资风险，保护投资者利益，增强投资者信心，基金募集成立初期，以建成营运的收费公路为主要投资目标。基金增长到一定规模也可投资部分具备市场化运作条件的在建或拟建项目。

3. 基金的募集对象。

产业基金主要向保险公司、邮政储蓄等负债期限较长的大型机构投资者募集，发展成熟后也可面向社会个人募集。募集后通过契约形式委托基金管理公司进行管理。收费公路运营的收益通过产业投资基金让渡给保险公司等机构投资者，并通过保险公司最终回馈给社会公众，使全民分享公路基础设施收益，符合收费公路收费“取之于民、用之于民”的基本原则。

4. 基金的退出机制。

目前，各地转让收费公路收费权比较困难的一个主要原因就在于收费公路项目的投资规模大、时间长，而一旦投资，又难以转让和变现。因此，设计合理的退出机制对于吸引投资者非常重要。

（1）公开上市。股份上市是创业资本的主要退出方式，也是产业投资家最理想的一种退出方式。一般而言，创业企业第一次向公众发行股票成为首次公开发行股票（IPO）。

创业家可以借上市出让自己的一部分股权。对于大多数创业家而言，出售少量股份的好处在于可以得到资本收益，并投资于其他领域。将自己的投资收益投向其他领域可以使自己在公司出现意想不到的情况时，仍有保命钱，没有后顾之忧。

（2）公司或创业家本人赎买。出售股份是产业投资公司或创业家本人采用的一种比较重要的退出方式。按照回购主体分为管理层回购和员工持股计划。

（3）公司变卖给另一家公司。这就是所谓的卖“青苗”方式，即将创业企业出售给行业内的大公司或其他有实力大旗团继续“孵化”。

（4）产权交易市场退出。产权交易市场退出分为协议转让和清算退出两种情况，其中协议转让的核心是创业资本通过买卖创业企业资产或股份的形式退出，包括公司整体转让、部分股权转让和部分资产出售；清算退出是创业投资一种无可奈何的选择。由于创业投资的高风险性，相当大部分的不成功的创业投资（约占70%）必须要经历一个痛苦的退出过程。

（5）寻找新的投资人。创业家可以找到要购买公司所有权的投资人，新的老板后来又成为创业家的合伙人。

（6）买壳上市或借壳上市。创业企业通过先收购某一上市公司一定数量的股权，取得对其实质意义上的控制权后，再将自己资产通过反向收购的方式注入到上市公司内，实现间接上市，然后创业投资基金再通过市场逐步退出。

（7）较长时期内持有创业企业的股份。由于我国经济增长速度在一个较长时期内仍将处于世界前列，因此只要看准项目，即使持有股份不动，基金也仍然能保证从所投资企业分享经济的高速增长所带来的回报。当然，采用这一退出方式的条件是创业投资公司或股东方有实力，完全有能力长期持有创业企业的股份。

（五）产业投资基金对收费公路发展的意义

1. 设立产业投资基金可以解决收费公路项目资本金不足问题。

收费公路建设资金供给长期以来的主要问题是银行贷款比重太大，而资本金所占比重太小，目前已经产生非常严重的还贷压力。因此，拓宽融资渠道，增加资金来源中的资本金比例，以确保收费公路主要是高速公路行业健康有序发展。收费公路产业投资基金是一种股权投资基金，可以为收费公路行业提供资本金，优化收费公路的资本结构，同时也可以降低收费公路的融资成本。

2. 可以引进保险、社保资金进入收费公路行业。

截至2016年年底，我国保险资金运用余额达13.4万亿元，预计到2020年保险资金余额将达到20万亿元。全国社会保障基金于2016年年底达2万亿元。收费公路领域的投资特性能很好地满足这些投资者的需求。从投资风险看，收费公路本身是一个风险很低的投资领域。从投资收益看，收费公路投资回报非常稳定且具有好的成长性。保险资金、社保基金投资基础设施是国际惯例。基础设施投资周期长，回报稳定，能很好地满足保险资金的投资需求，通常被认为是保险资金的最佳匹配资产，根据欧美发达国家保险投资实践，保险资金投资与基础设施的比例为10%～20%。目前，国家政策已经允许保险资金、社保基金投资交通等基础设施行业。而收费公路固有的竞争上的垄断性、收益上的规模递增和稳定性等不可比拟的优点，越来越受到社会资本的青睐。我们一定要抓住这一契机，加快收费公路产业投资基金的进程。

3. 增加了专业性和流动性，有利于其他新增资金的投入。

收费公路产业投资基金由专业的基金管理人管理。专业基金管理人的管理，可以保证投资管理的专业性，保证投资人的投资利益得到保护，增加投资人的信心，因此可以吸引保险、社保等资金进入收费公路行业。

收费公路产业基金可以到交易所大宗交易系统交易，运行一段时间后，可以在交易所上市。这些流动性安排提高了投资的流动性，增加了对投资者吸引力，在交易所上市将可以引入公众投资者的资金进入收费公路行业。

收费公路产业基金是以国家股份为主，由政府设立的特定部门作为国有资产的代表，进行控股、可广泛吸纳社会闲散资金的新型公有制形式，具有良好的筹资功能。《产业投资基金管理暂行办法》的出台，在政策上为收费公路交通产业投资基金的设立和运作提供了法律保障。日益增长的养老保险金、失业保险金、医疗保险金的存量资金，也为产业投资基金的发展提供了资金支持。

4. 吸收私人资本建设高等级公路是大趋势。

收费公路建设的巨大投资，单一由政府承担是不可能的。同时，即使政府有能力建好公路，但在公路的运营、养护方面做得不是很好，发挥不出应有的经济效益，财政支出大，政府负担重。吸收社会资本参与公路建设，首先，减轻了政府财政负担；其次，社会资本是为其盈利与资本回收的考虑，会千方百计提高司乘人员满意度，从而提高收费公路的经济与社会效益。近年来，国内许多民营资本看好收费公路稳定的收益，积极想介入公路，但均未取得实质进展。我们应该逐渐放开思想束缚，看到民营资本进入公路市场的益处，使其为我所用。突破传统筹资模式，实现投资主体多元化，促进收费公路事业的大发展，最终达到促进国民经济的大发展。

5. 收益支持。

收费公路主要是高等级公路，一般是收费公路和国道。高等级公路具有竞争上的垄断性、收益上的规模递增和稳定性的特点。在同一交通通道内，一般很少有同类项目或一般公路项目与之竞争；高等级公路随着车道规模的增加，其通行能力加倍增加，这就意味着收取的车辆通行费也会成倍增加。高等级公路的经济效益一般会随着社会经济和交通量的增长而逐步提高。因此，呈现出收益上的相对稳定性及较强的抗风险能力。

（六）案例分析：PPP 产业投资基金

1. PPP 模式下的产业投资基金运作方式。

在各地不断涌现的 PPP 产业投资基金中，根据基金发起人的不同而分成三种模式。

模式一：由省级政府层面出资成立引导基金，再以此吸引金融机构资金，合作成立产业基金母基金。各地申报的项目，经过金融机构审核后，由地方财政做劣后级，母基金做优先级，杠杆比例大多为1:4。地方政府做劣后，承担主要风险，项目需要通过省政府审核。这种模式一般政府对金融机构还是有隐性的担保，其在河南、山东等地运用的比较广泛。

模式二：由金融机构联合地方国企发起成立有限合伙基金，一般由金融机构做LP优先级，地方国企或平台公司做LP的次级，金融机构指定的股权投资管理人做GP。这种模式下整个融资结构是以金融机构为主导的。

模式三：有建设运营能力的实业资本发起成立产业投资基金，该实业资本一般都具有建设运营的资质和能力，在与政府达成框架协议后，通过联合银行等金融机构成立有限合伙基金，对接项目。某建设开发公司与基金公司合资成立产业基金管理公司担任GP，基金公司作为LP优先A，地方政府指定的国企为LP优先B，建设开发公司还可以担任LP劣后级，成立有限合伙形式的产业投资基金，以股权的形式投资项目公司。项目公司与业主方（政府）签订相应的财政补贴协议，对项目的回报模式进行约定，业主方根据协议约定支付相关款项并提供担保措施。

这类有运营能力的社会资本发起成立产业投资基金，可以通过加杠杆的形式提高ROE。全球范围看建筑业的毛利率是3%，净利率是1%~2%，而且对投入资本要求很高，通过成立产业投资基金参与基建项目，若企业出资10%，可以放大9倍杠杆，除去付给优先级LP的成本后，这种放大杠杆的过程就会有很大一块利润，再加上建筑总包的利润，也能实现在营业收入一定的情况下提高净值产收益率。

2. 产业投资基金与PPP的再思考。

（1）产业投资基金是地方融资方式的创新，但也会增加潜在债务负担。国发43号文后各地涌现的产业投资基金，具有如下特征：一是以债权或“明股实债”的形式，保证固定收益；二是银行是最重要的资金提供方；三是大部分会由财政出具“安慰函”，并对基金回报进行兜底。

在这种模式下，产业投资基金成为地方政府绕开原有融资平台公司的融资新平台，是传统银行贷款融资方式的替代。这一方面是地方政府在稳增长调结构形势下的融资方式创新，但另一方面也可能增加地方政府的隐性债务。

（2）通过投资带动经济发展的药未换，换汤仍是为了促发展。从短期来看，医治经济下滑的良方仍然是投资，而工业的产能过剩和房地产投资增速的下滑，通过制造业托底和基础设施投资拉动稳增长成为政策的重要方向。在我国目前的社会经济政治格局下，公共部门仍然是最重要的投资主体，尽管地方融资平台风光不再，但是其华丽转身后以社会资本的身份重返地方建设大舞台，以产业投资基金之名，行稳增长促发展之实。

（3）投资者参与产业投资基金，需要充分考虑相关风险。产业投资基金并非是无风险投资。基金投资的基建类项目收益的实现依赖于建成后的实际运营情况，受到当地经济发展水平、使用者偏好、运营效率、运营成本、竞争性项目等因素影响，实际收益可能低于投资之初的测算，使投资者面临项目风险；地方政府财政收入状况的变化以及国家相关政策方向的调整，也可能改变地方政府对产业投资基金的支持能力和力度，尤其是一些涉及地方政府“保底承诺”的基金的投资者更需要充分考虑；此外，基建类项目规模大、时间长的特点决定了产业投资基金都具有很长的投资期限，投资者可能面临一定的期限错配风险。

四、资产证券化应用研究

（一）收费公路资产证券化概述

资产证券化是指将缺乏流动性，但能够产生稳定、可预见的现金流收入的资产，转换成在金融市场可以出售和流通的证券的行为，由此转换而来的证券一般被称为资产支持证券。

收费公路开展资产证券化融资，通行费收入现金流是理想化的证券化资产，其有以下五个特征：一是可理解的信用特征。收费公路的经营权作为资产，未来具有可靠现金流收入，这是收费公路发行证券的基本信用。二是收费公路通行费收入历史统计资料完备。收费公路现金收入流具有某种规律性，这意味着资产未来获取的现金流收入是可以计算出来的。资产的出售价格、证券品种设计和发行规模，都取决于预期的现金流大小。三是资金的回收期限长。收费公路的投资特点为一次性投入，通过多年的现金收费逐步收回本金及投资收益。而资产证券化很大的动因就是为了提高资产的流动性，正是因为收费公路相当长的回收期才可能促使发起人进行资产证券化运作。四是零拖欠率和零违约率，收费公路的经营收入随着车辆通行的往来，及时实施现金入账，不存在拖欠和违约问题。五是本息完全分期摊还。收费公路的经营收入，每天稳定形成并随着国家经济形势的发展逐步提高，资产证券化的本金和利息的偿还，可以合理有序地在公路运营过程中分期计提，进入成本，同时有效保障资产证券化的还本付息。

（二）开展公路资产证券化的可行性

公路建设资金门槛和技术门槛较高，普通社会资金，尽管有强烈的投资需求，但碍于单体资金的不足或者对公路建设，管理能力的限制，很难进入公路基础设施建设的大门。而我们通过资产证券化方式可以合法地将零散的社会资金进行集合，形成整体的投资资金，解决单体小额资金投资公路基础设施门槛问题。

对于现有公路资产中由国家投资建设的部分，我们可以探讨研究在不失去政府控制权的基础上将收益权进行“资产证券化”改造并将远期收益转让给社会资金。

公路资产证券化，可以考虑以下步骤。第一步：国家控股51%，公路资产的49%用于证券化；第二步：利用信托的方式，项目代理管理的方式在不失去政府控制权的基础上，尽可能多地，甚至将全部股权证券化，充分利用社会资金筹集农村公路建设资金及其他交通建设资金。

以公路资产证券化融资，不仅可以有效地为新建项目融资，还可以调整负债结构，减少企业负债总额，降低企业融资成本。

（三）公路资产证券化业务的特点

1. 发行基础不同，公路资产证券化是将公路收费远期收入进行真实销售。

贷款、发行企业（公司）债等传统融资方式是以资产所有者的整体信用为担保，为融资提供支撑的资产是该企业的所有资产。而资产证券化的基础是将企业整体资产中适于证券化的某部分资产“剥离”出来，然后将其真实销售给一家特殊目的载体（SPV），由该载体来进行证券化。证券化资产的范围不仅限于一家企业的资产，可以将许多不同地域、不同企业的资产组合为一个证券化资产池。

2. 实现了破产隔离，优质项目可以独立开展融资，与交通企业其他银行信用相隔离。

破产隔离是指将基础资产原始所有人的破产风险与证券化交易隔离开来。在传统融资方式中，由于基础资产不是从企业的整体资产中“剥离”出来并真实出售给一家具有破产隔离功能的特殊目的载体，而是与企业的其他资产“混”在一起，如果该企业经营效益不好或破产，这些风险直接影响到股票、债券这些凭证持有人的收益，凭证持有人的风险和收益是与某个企业整体的运作风险联系在一起的。资产证券化则不同，由于它已经将证券化的基础资产真实出售给特殊目的载体，而该载体一般是不易破产的，所以即使资产的原始所有人出了问题，其风险也不会“传染”给证券持有者。证券化交易的风险与资产原始所有者的风险无关，只与证券化资产本身相关。

3. 融资成本较低。

之所以能获得较低的融资成本主要是因为资产证券化业务能通过一系列增级手段使基础资产的信用级别得以提升，也就是说，融资者能够以本身较低的信用级别获得高信用级别的融资渠道，在风险与收益对称的市场环境条件下必然能节省融资成本。

4. 有效地降低了交通行业整体负债额度。

资产证券化，如采用表外融资方式，既能使交通企业筹集到所需资金，又不会增加资产负债表上的负债数额，从而有效地降低了交通行业整体负债额度，改善了交通企业的借款地位。

资产证券化与贷款、债券等传统融资方式相比，是一种成本较低、效率更高、更有潜力的资本市场运作新工具。

（四）案例分析：莞深收费公路收费收益权专项资产管理计划

1. “莞深”收益专项计划的基本情况。

该专项资产管理计划是由证监会主导下的第二单企业资产证券化项目。广发证券作为计划管理人设立“莞深收费公路收费收益权专项资产管理计划”，向合格投资者定向发售计划份额募集资金5.8亿元，专项计划成立后，广发证券用募集资金专项投资于东莞控股所有的莞深高速（一、二期）公路收费权中自专项计划成立之次日起18个月内合计为人民币6亿元的收益权。中国工商银行为该6亿元资金提供无条件的不可撤消连带责任担保，实现信用增级。

（1）“莞深”收益专项计划基本情况（见表7－1）。

表7－1　专项计划的基本情况

莞深收费公路收费收益权专项资产管理计划	
项目	计划内容
计划管理人	广发证券
基础资产	东莞控股所有的莞深高速（一、二期）公路收费权中自专项计划成立之次日起18个月合计为人民币6亿元的收益权
募集规模	人民币5.8亿元
预期收益率	预期年收益率为3.0%～3.5%
信用增级	中国工商银行提供不可撤销的连带责任担保
注册登记	中国证券登记结算公司登记
流动性安排	计划份额通过深圳证券交易所大宗交易系统转让
	采取协议转让方式
	以全价交易方式申报
	交易时间：每个交易日的15：00～15：30（以深圳证券交易所公告为准）

续表

莞深收费公路收费收益权专项资产管理计划	
项目	计 划 内 容
信用评级	经大公国际评定，本收益计划信用级别为 AAA 级
面值	每份收益计划份额的面值为 100 元
发售价格	按面值平价发售
产品期限	自 2005 年 12 月 27 日（计划设立日）开始计算投资收益，2007 年 6 月 27 日到期
本利支付	专项计划每六个月向专项计划份额持有人支付当期专项计划分配资金

注：专项计划份额持有人收益分配资金 = 专项计划分配资金 ÷ 专项计划总份额 × 持有份额。

（2）“东莞控股”概况。“东莞控股”全称为东莞发展控股股份有限公司，其经营范围为东莞收费公路的投资、建设、经营。

（3）“莞深”高速（一、二期）。“莞深”收费公路是全国第一条由地级市自筹资金、自行设计、自行组织建设来的收费公路，也是东莞有史以来最大的交通基础设施建设项目，“莞深”高速（一、二期）项目全长 39. 551 公里，其中，一期工程黎塘段于 1997 年 10 月 16 日经广东省建设委员会以《关于梅观收费公路延伸段至东莞塘厦段初步设计的批复》（粤建函〔1997〕308 号）修建，1998 年 10 月建成通车；二期工程莞塘段于 1998 年 12 月经广东省计划委员会以《关于莞深收费公路东莞段工程可行性研究报告的批复》（粤计交〔1998〕876 号）批准工程立项建设，2000 年 8 月建成通车。

（4）车辆通行费的历史情况。“莞深”收益专项计划能否取得预期的收益，能否降低其中的风险，关键在于“莞深”高速（一、二期）的车辆通行费的现金流。如何才能准确地预测其未来两年的现金流呢？方法是基于历史现金流的外推法，以历史的数据预测未来两年的情况。为此，首先需要了解“莞深”高速（一、二期）车辆通行费的现金流的历史分布情况。“莞深”高速（一、二期）2002 年度以来的车辆通行费收入现金流量情况如表 7－2

所示。

表 7－2　“莞深”高速 2002 年以来车辆通行费现金流量表　单位：万元

年度	2002 年度	2003 年度	2004 年度	2005 年 1～6 月	合计
金额	22 080.32	28 003.12	41 084.48	21 621.54	112 809.46

2. “莞深”收益专项计划的交易内容。

（1）交易的基本结构。“莞深”收益专项计划是根据信托原来设立的资产证券化交易。原始权益人（发起人）是“东莞控股”，它决定将其所持有的“莞深”高速（一、二期）的未来现金流作为资产池，通过广发证券设立专项计划。在该收益专项计划中，“东莞控股”不仅是发起人、原始权益人，而且还是收益权专项计划资产的管理者，承担管理信托财产的责任。

“莞深”收益专项计划的委托人是投资者，投资者的主要功能是在其中执行治理功能。当然，还有提供资金和获得回报的义务和权利。

“莞深”收益专项计划是资产证券化交易，需要一个特殊目的载体，以承担风险隔离功能。在“莞深”收益专项资产管理计划中，其特殊目的的载体不是一种机构，而是一种机制、一种信托机制。“莞深”收益专项资产管理计划是由专项计划的管理人和专项计划专用账户托管人分别各司其责，以信托形式存在的特殊目的信托。

（2）专项计划份额的流动性安排。流动性是资产证券化的一个关键机制，因为流动性能够决定其中的募集空间和定价机制。流动性越强，募集空间越大，定价时无风险基础上的溢价程度越小，交易时的市场广度、深度越高。为此，“莞深”收益专项计划需要构建一个具有一定流动性的交易机制。

“莞深”收益专项计划在“中证登”进行注册登记，通过证券交易所大宗交易系统的技术平台提供流动性安排。“莞深”收益专项计划的转让时间自

2005 年 12 月 29 日起至 2007 年 6 月 28 日止。转让简称为“莞深收益”，转让代码为 119001。在交易申报中，“莞深收益”每份面额为 100 元，计价单位为每百元面值的价格；单笔成交申报最低数量为 500 份，且转让数量必须为 10 份的倍数；成交申报价格最小变动单位为 0.01 元。另外，转让双方将按转让金额的 0.0032% 缴纳经手费。

（3）专项计划的交易费用。管理费：专项计划存续期的管理费总额为 174 万元。管理费在专项计划存续期内共支付三次，每六个月支付一次，每次支付金额为 58 万元，由托管人复核后于每个权益登记日从专项计划资产中优先支付给管理人。

托管费：专项计划存续期的托管费总额为 50 万元。托管费在专项计划存续期内共支付三次，每六个月支付一次，每次支付金额为 16.7 万元，由管理人复核后于每个权益登记日从专项计划资产中优先支付给托管人。

在专项计划存续期间实际发生的因法律规定的由专项计划资产所承担的其他费用。专项计划存续期间专项计划资产投资所发生的资金划付费用、交易手续费、印花税等有关税费，作为交易成本直接扣除。

据此可知，在“莞深”收益专项计划中，其可预期的费用 = 管理费（174 万元）+ 托管费（50 万元）+ 资金划付费用 + 交易手续费 + 印花税 + 其他。

3. 专项计划的资本运作分析。

（1）投资者视角下的“莞深”收益专项计划。“莞深”收益专项计划的投资成本为 5.8 亿元本金以及 0.2% 的认购费，总计 58 116 万元。交易费用约为 224 万元（其中 50 万元为托管费，174 万元为管理费），每阶段分摊 74.67 万元，其年均收益率是 3.43%（扣除管理、托管费用后实际支付给投资者的略低于 3.43%）。从投资者的角度分析，投资的现金流是典型的普通年金模式。

期初的投资为5.8亿元，在随后的三个投资期末将分别收回2亿元左右的现金。另外，还可以将该项投资分解成为三只期限分别为0.5年、1年、1.5年的零息债。

首先，在不考虑现金增值管理收益和交易费用的情况下，期初的投资58 116万元，在随后的三个投资期间将收到等额2亿元回报，每个投资期（6个月）的内部收益率（IRR）为1.6123%，折合年收益率为3.2246%。

其次，假如出现最坏情况，“东莞控股”违约，不提供现金流，由工商银行履行担保责任，每期末提供2亿元现金，考虑到每期74.67万元的交易成本，则每个投资期（6个月）收到现金流19 925.33万元，内部收益率（IRR）为1.4215%，折合年收益率为2.8430%。

再次，该专项计划现金流的一个特点是具有可持续性，收入分配却在特定的时间，如果从计划一开始便对持续稳定的现金流进行积极的增值管理，该计划的总收益将得以提升。

最后，若将该项投资分解为三只期限分别为0.5年、1年、1.5年的零息债。分析数据显示，2005年，在假定风险相同的条件下，0.5年和1年期的企业中期票据的收益率分别为2.53%和2.92%，1.5年期交易所的企业债收益率约为2.82%，分解的三只债券品种无论是一般情况下还是积极管理情况下，其收益率均高于同期的企业债。详见表7-3。

表7-3　“莞深”收益专项资产管理计划的还款　单位：万元

期限	6个月	12个月	18个月
支付利息金额	995	669	337
支付本金金额	19 005	19 331	19 663
支付金额累计	20 000	20 000	20 000

（2）融资者视角下的“莞深”收益专项计划。资产证券化作为一种筹集

资金的路径选择，其效率体现在一定条件下对金融资源的激活和有效利用程度。按照资产证券化影响对象的划分，其效率可以分为内在效率和外在效率。

内在效率是指发起人通过资产证券化的融资工具有效利用金融资源的程度。外在效率是指资产证券化对经济运行中发起人以外的各个相关经济主体有效利用金融资源所产生的积极影响或者促进的程度。

内在效率指标一般包括筹资成本降低比率和筹资效率比率两个指标。

筹资成本降低比率＝（银行贷款成本－资产证券化筹资成本）/银行贷款成本

以相近银行贷款利率为参照系，2005 年 12 月的 6 个月至 1 年期银行贷款基准利率为 5. 58%。在本案中，计算的筹资成本为 2. 3%，筹资额为 5. 8 亿元人民币。根据其计算公式，筹资成本的降低比率为 58. 8%。

筹融资效率比率＝（筹资额/资产证券化成本）/（筹资额/其他方式筹资成本）＝其他方式筹资成本/资产证券化筹资成本

筹资效率比率的指标越大，表示资产证券化的内在效率越高。假定以银行贷款成本作为参照标准，计算结果为 2. 43，这表明该计划至少提高了 1 倍的融资效率。

外在效率指标一般包括金融资源利用率指标、动员储蓄能力指标、对商业银行的冲击指标等。在此暂不进行具体的数据计算。

五、项目收益债券应用研究

（一）项目收益债券基本内涵

1. 项目收益债券的内涵。

根据国家发展改革委 2015 年颁布的《项目收益债券管理暂行办法》，项目收益债券是指由项目实施主体或其实际控制人发行的，与特定项目相联系的，债券募集资金用于特定项目的投资与建设，债券的本息偿还资金完全或主要来源于项目建成后运营收益的企业债券。

项目收益债券主要是由发债项目产生的现金流作为还债担保，在逻辑上更具有公司债券的属性。同时收益债券与一般意义上的公司债券有所区别。公司债券是信誉良好的公司发行的，信用基础在于公司以往的经营业绩和当前的信用资历。收益债券往往由地铁、机场、修建收费公路的机构、公用事业机构等部门发行，以这些事业单位或它们推动的特定项目创造的营业收入来偿还利息。因此，与公司债券相比，收益债券更具有项目债券的特征。

收益债券作为逻辑上的公司债券，其发行主要遵循市场化的运作模式，发行程序较为宽松，往往无需经过严格的审批程序。同时，收益债券的特征决定了与一般责任债券相比，有较高的风险性并需要规范的市场操作模式。

2. 项目收益债券的特点。

项目收益债券作为直接融资的一种方式，具有以下主要特点：

一是项目收益债券是与特定项目相联系的债券，其利息支付和本金偿还均来自投资项目自身的收益，如收费公路项目的收费。

二是项目收益债券以项目法人为发行主体，项目法人既可以是企业法人又可以是事业法人，可有效解决我国交通基础设施项目事业法人（如公路局）发债融资的问题。

三是对筹集资金的用途限制较宽松，既可用于新建项目，也可用于调整现有债务结构等其他用途。

四是享有特殊的优惠待遇，一般免缴或减收利息税。

3. 项目收益债券的适用范围。

根据《项目收益债券管理暂行办法》规定，发行项目收益债券募集的资金，只能用于该项目建设、运营或设备购置，不得置换项目资本金或偿还与项目有关的其他债务，但偿还已使用的超过项目融资安排约定规模的银行贷款除外。

（二）项目收益债券的发行条件

1. 发行主体。

项目收益债对债券发行人的要求比一般企业债宽松，取消了一般企业债对发行人成立年限、净利润和净资产等方面的要求，即发行人可以是新成立的项目公司，但是资金用途必须只能用于该项目的建设和运营，而且募集资金投资项目原则上应为已开工项目，未开工项目应符合开工条件，并于债券发行后三个月内开工建设，以此避免出现以虚假项目融资的情况。

2. 发行方式。

项目收益债既可以公开发行也可以非公开发行，但都必须进行债项评级。非公开发行项目收益债券的债项评级要达到AA及以上。公开发行还必须进行主体评级和跟踪评级。

发行后，公开发行的符合条件可以在银行间和交易所跨市场交易，而非公开发行的仅限于在银行间市场机构投资者范围内流通转让，不得转托管。

3. 项目投资收益率要求。

项目投资收益率原则上需高于6%。办法要求项目能够产生持续稳定的现金流，原则上应为已开工项目，且除项目债券资金外项目资本金和银行贷款等建设资金来源应全部落实。而且在项目运营期内的每个计息年度，项目收入应该完全覆盖债券当年还本付息的规模。在投资内部收益率上，原则上应大于

8%，政府购买服务、财政补贴占收入比重30%以上或运营期超过20年的项目可以适当放宽至不低于6%。

4. 财政补贴问题。

由于多数收费公路在运营期内经营性收入规模有限，尤其是在建设期内甚至可能没有任何收入来源，因此无法满足项目收益债券对其存续期内项目收益应该覆盖债券本息的要求。《项目收益债券管理暂行办法》明确项目收入可以包含财政补贴，可以解决部分项目在建设期内收入无法覆盖利息的难题，也有利于地方财政提前估算相关项目涉及的财政支出负担，有利于地方政府债务管理。

5. 差额补偿机制。

项目实施主体享有项目的收益权，是项目收益债券还本付息的第一责任人，项目运营周期的收入应该覆盖债券的还本付息，而且项目收益债券必须设置差额补偿机制。项目收益债券的差额补偿机制的效果基本可等同于连带责任担保，体现为差额补偿机制的担保增信是监管机构对项目收益债券的硬性要求。此外，在设置差额补偿机制的基础上，项目收益债券还可以同时增加其他外部担保。

6. 投资者保护机制。

相比一般企业债，项目收益债券具有更为严格的投资者保护机制。包括募集资金使用专户、偿债资金专户和收入归集专户的账户设置，可以设置约定加速到期条款，以及更高频的持续信息披露等。项目收益债券的最大特点在于“融资—投资—项目收入—本息偿付”资金流的封闭运行，即从募集资金的筹集使用到项目资金回收，再到债券本息的偿付，都在一个闭合的环境中操作，这既实现了资金的专款专用，也保证了债券的偿付。其中在账户设置上，“发行人应将全部项目收入从归集专户向偿债资金专户划转，作为债券偿债准备金。偿债准备金以待偿付的全部债券本息为限”。也就是说，收入归集到专户后，必须全部划转至偿债准备专户直至达到当年债券全部本息之后，才可作为项目运营等其他用途。

（三）项目收益债券的担保机制

项目收益债券由项目本身产生的收益作为募集资金的本息还款来源。为了消除或者降低项目收益债券的风险，常常需要对项目收益债券进行增信或者提供担保，项目收益债券主要从外部增信和内部增信两个方面提高项目收益债券的信用。

1. 外部增信方式。

（1）第三方企业担保。由于商业银行已不允许直接为债券、资产证券化产品担保，可选择信用等级较高的企业为项目收益债券担保。

（2）专业担保公司担保。各地均有专业的金融担保公司，有的信用等级可以达到 AAA 级。担保公司担保也是国际上项目收益债券担保的常用方式，但是一般担保公司需要收取担保费用。

（3）资产抵质押担保。资产抵质押担保是发行人将自有的资产，抵押或者质押给全体债券持有人以提升债券信用的一种方式。适合进行抵质押担保的资产有房地产、应收账款（要求付款方的信用等级高）、存货、可转让的特许经营权等。

2. 内部增信方式。

（1）超额抵押。超额抵押是指，特定收益未来预期产生的现金流大于应偿还项目收益债券的本金和收益，用以提升债券清偿的可靠性。

（2）产品分层。分层增级技术是将一次发行的债券分为优先级、次级等多个品种，用以提升优先级的信用级别。这种方式在发行规模较大时的可运用性较强，经分层后的优先级一般可公开交易，而次级按其信用等级的情况可公开交易，也可不交易。

（3）设立储备账户。设立储备账户是将一部分的特定收益转到一个特定的储备账户上，并保持一定的规模，如果用以偿债的现金流发生异常不能按期支付证券的本息，则将资金从储备账户划转到支付账户进行支付。储备账户一般由受托管理人管理，它的资金来源可以有两个部分：一是在债券发行后，直接从发行收入中提取一部分，作为储备账户的启动资金；二是在债券到期之前，每年从超过债券本息的特定收益中提取一定的金额加以补充，直到储备账户的金额达到事先设定的水平，并且当动用储备账户来为债券还本付息时，应及时向该账户补充资金。

（四）收费公路项目收益债券的价值评估

项目收益债券是以项目未来收益权为特定收益中的主要基础资产，即主要以项目未来收益作为债券还本付息的来源。项目未来收益的金流入难以把握，导致其定价比较困难。项目未来收益具有其特殊性，主要体现在未来收益是一种统计规定性，而不是一种已有的契约存在。对这种收益的预测主要依赖于历史数据，由于下列原因，可能会在很大程度上影响到预测的准确性：其一，利用数理统计技术进行预测本身就存在着自身难以避免的缺陷，其与真实值之间必然存在偏差；其二，该基础设施已经营期限可能比较短，导致历史数据很少，不具备很强的统计规律；其三，一旦收费公路所处环境或国家政策发生变化，或者在该收费公路附近又新增了其他的免费公路，则该公路的未来现金流入将会发生很大程度上的波动，项目未来收益所产生的变化可能会非常大。正是由于上述原因，收费公路未来收益具有较强的不可预测性，风险相对较大。

这直接导致了对其定价十分的困难。而对项目未来现金流的价值评估直接关系着债券的发行利率、发行期限及规模。所以，对于项目未来收益的价值评估对于项目收益债券发行定价意义至关重要。

在项目未来收益作为基础资产担保发债的过程中，一般而言，需要两次资产定价过程：第一，发起人在出售资产时，对拟出售的资产池进行定价。第二，发行人在以基础资产为担保发行证券时对证券的定价。这两次定价是有所不同的。但是两者的定价基础均是对资产池的定价。

（五）项目收益债券对收费公路的应用分析

在收费公路领域大力推广政府与社会资本合作的大背景下，未来地方政府将会更多与社会资本合作成立项目公司，但这些新成立的项目公司往往成立时间短，资产规模小，盈利尚未体现，银行贷款、企业债、中期票据等多数融资方式可行性不高，不符合发行资质要求。而项目收益债券只针对项目本身，关注的是项目的收益情况，对发行人的资质并没有严格要求，因此项目收益类债券在很大程度上能够解决 PPP 模式下项目公司融资能力不强所带来的问题，未来发行量有望提高。

但项目收益债券形式较为复杂，融资效率预计不及单纯的城投债，短期内供给有限。需要注意的是，以项目收益为基础的产品必须先要找到合适的具有良好现金流的收费公路项目，再投资者对增信和法律保证等要素要求高，项目准备需要较长时间。实际上，目前一般企业的债券融资渠道也是比较宽松的，如果有相对良好的项目资产，以一般企业的形式融资反而更加简便而且可能成本更低。因此，短期内收费公路项目收益债券的供给可能比较有限。

第八章　收费公路融资风险防范研究

一、收费公路融资风险相关理论

我国的收费公路中高速公路占比超过70%，以下有关收费公路融资风险相关理论分析，重点围绕高速公路展开。

（一）收费公路经济特性分析

1. 收费公路的经济属性。

收费公路作为交通基础设施，为广大人民群众提供了便捷与安全的交通出行服务。交通基础设施条件的改善使我国整个社会普遍受益，大大促进了经济社会的快速发展。对收费公路属性的界定，国内已有相对明确的界定，本书主要从收费公路的准公共物品性与自然垄断性进行分析。

（1）准公共产品性。公路具有多元性，一是因公路具有自然特性，包括它的不可移动性、不可侵害性、耐久性等；二是因公路具有社会特性，主要指其社会公益性与基础性。公路本应该是公共产品，是社会公益性的交通基础设施，但因为我国公路收费政策实施，导致了只有付费才能使用，使得收费公路又具有了一定程度上的私人产品性质。这种介于纯公共产品与私人产品之间，具有不完全竞争性或者有限的非排他性的公共产品，被称之为准公共产品，收费公路就具有准公共产品的特性。

收费公路具有不完全竞争性。对一条收费公路而言，在没有达到设计的最大流量之前，某一个使用者不能够影响其他人的使用，但是车容量一旦饱和之后，则会增加一定的边际成本，收费公路经营单位则会控制车流量，以保障车辆的流通。由此可以看出，收费公路具有有限非竞争性。收费公路具有局部排他性，要想使用收费公路就得付出相应的代价，只有缴纳通行费的车辆才有资格使用该条收费公路，而对于其他未缴费的车辆来说则限制使用。

（2）自然垄断性。作为交通基础设施，收费公路具有建设资金规模大、建设周期长、占地广等特点，使得政府在规划建设时，都选择了占据最优路线。同时，也不会出现在同一线路建设多条收费公路的情况，这种不可能出现相互平行、相互竞争的收费公路，导致了道路使用者想要缩短时空距离就只能选择现有的收费公路，这样就使得收费公路获取了垄断性。

此外，在我国，收费公路产业实行政府特许制。这也意味着在一定程度上的垄断。

2. 收费公路的经济特性。

一是收费公路建设的资金密集性。收费公路与铁路和航空运输等一些产业在本质上都是一样的，都是属于建设投资高度密集型的产业。但是在我国，特别是在收费公路具有独一性，也就是在供给上的排他性。据统计，在西方发达国家，公路建设投资基本占到国民生产总值的2.4%，由于这些西方发达国家的国民生产总值很高，所以对国家公路设施投资投入大量的资金，目前我国每公里收费公路的平均造价约达9 000万元。这样的话，每公里的收费公路造价就超过任何一种运输方式，所以，建造收费公路是一项资金浩大的项目工程，是一种典型的资金密集型的产业，收费公路的收费常常在交易中费用高得让人无法接受，这样就难免发生这种很尴尬现象。

二是工期长且资金回收慢。收费公路建设工期都较长，设计建设工期都在三年左右，实际工期也都在一年以上，并且受气候影响很大。如：《建筑工程冬期施工规程》（JGJ104—97）规范规定，当室外日平均气温连续5天稳定低于5℃即进入冬季施工，当工地昼夜平均气温（每天6时、14时、21时所测室外温度平均值）低于+5℃或最低气温低于－3℃时，混凝土工程按冬季施工办理。而且建成后资金回收慢，如高速公路的收费年限一般在 15 ~ 25 年间，所以投入的资金会沉淀成固定资产，流动性不足。

三是收费公路效益的差别性。收费公路与普通公路不同，也就是对于相同的汽车所能完成的运输工作量，在使用收费公路时，可以比普通公路取得更好的经济效益，主要表现在以下两个方面：一是高速公路可以有效减少汽车油量的使用及相关维修费用和轮胎的磨损状况等，从而有效降低汽车行驶成本；二是可以大为减少行驶时间，减少货物运行时间和交通事故的发生等，这些都是普通公路无法比拟的。

（二）收费公路融资风险分析

1. 内因性融资风险。

对收费公路融资而言，在内因方面的风险可以划分为多个方面，包括了内部管理风险、负债规模风险、债务结构风险以及运行机制风险。

（1）内部管理风险。内部管理风险是指高速公路建设经营公司内部管理存在重大问题，缺乏科学的决策体系和操作规程等内部经营管理方面的失误而使经营主体遭受损失的可能性。一方面是高速公路建设管理过程中涉及工程完工、经营维护等方面的风险。如建设工程设备、参建工人或者调整方案等人为因素导致无法按时完工、延期完工或者完工后无法达到预期标准。这种风险对高速公路公司就意味着利息支出增加，贷款偿还期延长和市场机会的错过。另一方面是高速公路建设营运后，由于经营管理缺乏统一要求和规范的程序，所有权与经营权分离，经营者不承担还贷义务，只管花钱搞建修，在工作中出现重大经营问题。如管理混乱、安全事故频繁，工作责任落实不到位，经常使营运计划形同虚设，预期收入无法实现，最终影响项目的获利能力，不能按期还债，债务人信用度下降。

（2）负债规模风险。负债规模风险是指企业负债总额的大小或负债在资金总额中所占的比重。企业负债规模越大，利息费用支出就越多，由于收益降低而导致丧失偿债能力或破产的可能性就越大。同时，负债比重越高，企业债权人的债务越难有保障，又可能给今后融资带来不利影响，即再融资风险也会更高。所以，一般情况下，负债规模越大，融资风险也越大。高速公路建设由于投资量大、建设周期长、自有资金比例一般偏小。

（3）债务结构风险。债务结构风险主要指企业所借入资金的来源渠道和长短期的相对比重。如果借入资金的渠道单一，负债的期限结构安排不合理，就会增加企业融资风险。首先，如果融资渠道单一，会影响筹资活动的长期进行，不利于扩大融资量，将融资风险高度集中、还款时间高度集中，会加大还款难度，出现类似挤兑的风险。其次，如果负债的期限安排不合理，例如应筹集长期资金却采用了短期借款方式，或者相反，都会加大企业的财务成本，延长还款时间。由于长短期借款的利息水平和利率波动幅度不同，如果负债期限安排不合理，将加大企业利息费用支出的波动幅度，给企业收益带来较大的不确定性，并可能造成无力偿债的风险。如果企业大量举借短期借款，并将短期借款用于长期投资，则当短期借款到期时，可能会出现难以拿出足够的现金来偿还短期借款的风险。由于长期借款的融资成本一般较高，而且债权人为降低风险还会规定一些限制性条款，这对借债企业就形成融资的潜在风险。

高速公路融资较多采用世界银行、亚洲开发银行，还有日本、德国、沙特等政府长期贷款和国内的银行借款，由于债务人的要求和融资主体对债务结构不重视，这种债务结构风险已较普遍地存在于高速公路公司，人为地使财务成本和融资成本居高不下。据统计截至2016年年底，收费公路贷款余款为41 674.5亿元，贷款利息为2 313.3亿元，而同期收费仅4 548.5亿元，不足以支付贷款利息，使得不少收费公路建设贷款成为银行的不良贷款。

（4）运行机制风险。运行机制风险主要指高速公路经营企业由于内部运行机制的缺陷所导致的融资风险。首先是代理人制度缺陷。高速公路公司80%以上属国家所有，实行所有权与经营权分离的管理模式，根据代理人理论，这种现代的大型企业的拥有人（股东）和管理人往往不是同一批人，拥有权和管理权是各自独立的，所以当企业的管理者，也就是经理，面对一些影响本身利益或和股东利益冲突的问题时他们便可能不会替企业拥有人尽力争取最大的财富。这种缺陷会导致高速公路公司的管理层（非股东）往往为了获取自己的最大利益，而在投资决策、财务管理、材料采购、项目监督、工程进度等方面甘冒风险甚至牺牲股东（国家和企业）的根本利益。这也是我国高速公路建设中经常揭露出腐败的制度性原因之一。另外计划体制的影响也增加了运行机制的风险。现行的高速公路通行费定价权和价格水平实际上主要是一种政府的计划行为，而定价权和价格水平又是高速公路公司收益的决定因素，是融资过程能否顺利完成的基本要素，这种权利和义务的脱节使得事实上的融资主体无法控制自己的收入水平，加大了偿还能力的不确定性，使融资风险加大。由于这是一种融资主体内部运行机制的缺陷，所以，规避和防止这种风险的难度和成本就很大，这种缺陷的破坏力同样也很大。

2. 外因性融资风险。

（1）经营风险。企业的经营风险虽不能完全等同于融资风险，但又会影响到融资风险，如果企业经营不善、业绩不佳、经营利润不足以支付利息，则不仅股东收益将化为泡影，企业的还债能力也会严重受损，甚至出现资不抵债的情况，所以，企业经营风险的增加将导致融资风险的增大。

（2）借贷风险。当企业进行银行借贷融资时，由于利率、汇率及有关融资条件发生变化会导致企业遭受损失。这些风险具有一定的客观性，如企业刚与银行签署了固定利率方式的长期贷款合同，接着银行就调低了贷款利息，这会使借款主体遭受增加财务成本的风险。由于我国高速公路市场化融资渠道单一，银行贷款比例过高，银行贷款实际上成为高速公路建设的主要资金来源。所以高速公路公司的贷款风险比其他行业会更大、更直接。

（3）项目风险。高速公路项目融资风险主要分为可控制风险，如完工风险、经营维护风险、环境风险；不可控制风险，如政治风险、获准风险、法律风险等。

不可控制风险。高速公路项目由于涉及面广，资金量大、投资期长，投入产出率不高，且收益呈递增趋势，投入呈递减趋势。它对建设地国家或地区的外部政治环境（包括政局稳定性和政策）的稳定性；法律条件如法律体制的完善性、法律执行的程序；中央和地方政府对高速公路建设项目的审批程序，审批过程的公开程度，对知识产权的保护，对项目营运涉及的各种证照的行政许可和管理及处罚的公平程度都有较高的要求。这些不可控制的外部条件如果不好或者不规范，就可能对项目的获取和项目执行过程中遇到的各种政治、政策和法律纠纷和障碍的顺利、妥善解决带来诸多麻烦和困难，增加项目的前期可行性调查和后期管理成本，加大非生产性开支的比例，降低还本付息能力，挤压项目的获利空间。另外，经济风险也是不可控制风险中的一个重要内容，主要包括价格风险、收入风险和利率、汇率风险。高速公路的产品（服务）价格及收取的通行费价格一般有两种情况：一为事先确定的；二为市场供求调节。而高速公路公司在银行借款融资时均以通行费收费权和收入作担保，但高速公路公司又不能像一般的公司按《公司法》规定具有产品（通行费价格）的定价权，不管是通行费的初次定价或事后调整，事实上主要是政府（有关部门）决定，所以当初在融资谈判中估计或约定的收费价格和收费收入往往难以兑现。中外银行借贷在高速公路融资中占绝大多数，所以利率的波动进一步造成了项目融资的不确定性，随着世界经济一体化的推进和我国外向型经济成分的不断增加，利率的联动性加大，汇率在外汇管理理念和管理体系、政策的不断调整中的不稳定性，使得项目融资风险日趋加大。

可控制风险。主要是高速公路建设管理中涉及工程完工、维修维护和环境保护等方面的风险。完工风险是建设工程因施工设备、参建工人、调整原设计方案导致无法按时完工，延期完工或完工后无法达到预期标准；维修维护风险是项目建成营运后，由于经营、生产技术和生产条件不能适应要求，无法保证正常运转和按期还贷。环境风险正随着科学发展观和可持续发展方略执行力度的增加，日益凸显出来。不少高速公路建设立项上马时，当地政府和利益相关部门有意无意在设计、预算和审批时降低标准“创造条件”上项目，有的故意绕过环保等职能部门，不经审批擅自上马，还有一些施工单位为降低成本使用超标建设材料，造成环境污染，延误工期增加成本，甚至使项目无法达标验收，这些现象无一不明显影响融资主体对项目可能的盈利能力的判断，造成估算错误使项目融资的风险加大。

二、收费公路融资风险评估研究

针对目前收费公路建设融资风险问题，以及由此可能诱发的债务风险，本节研究建立融资风险评估指标，实现对公路建设融资风险的评估和预警，为促进收费公路的可持续发展奠定基础。

（一）融资风险分析流程

融资风险分析的流程包括：风险识别、风险估计、风险评估。风险识别是开展风险分析工作的基础，是运用系统论的方法对公路部门进行系统考察、全面分析，找出显性和隐藏的各种可能的风险因素，并对这些风险因素进行比较和分类，确定各因素间的关联性和独立性，判断其对公路融资风险的影响程度，按其影响程度重要性进行排序，或赋予权重。风险估计又称风险测试、测定、估算和衡量，是在风险识别之后，通过定量分析的方法判断风险发生的可能性及发生后对项目的影响程度。风险评估是对融资风险进行综合分析，依据风险发生的可能性、对目标的影响程度进行风险分级排序的过程，它是在风险识别和风险估计的基础上，通过建立风险系统评估模型，确定整体风险水平，为决策提供科学依据。

1. 融资风险识别。

就收费公路的融资风险而言，由于收费公路运营管理主体、权益投资者、债权人、交通主管部门以及其他企事业单位等相关人的站位不同，决定了他们会分别从不同的角度及立场对融资风险进行识别和判断。收费公路运营管理主体对融资风险进行判断，其目的是发现公路运营过程中的问题，改善公路运营状况；债权人是为了决定是否对公路管理主体发放贷款；交通主管部门则更侧重于从宏观上把握收费公路企事业单位的整体债务状况，避免个别主体出现不能按时还本付息的风险，避免由于局部风险而引发全局的系统性的风险，维持交通运输部门的良好信誉，保障收费公路健康、可持续发展。本书主要是站在交通管理部门的角度对收费公路融资风险进行分析。研究方法主要是通过对不同筹、融资主体的一些关键财务指标进行计算，进而对其风险进行判断。

2. 融资风险估计。

风险估计又称风险测试、测定、估算和衡量等。风险估计是在识别了风险之后，进一步对风险程度进行衡量。选择合适的风险衡量指标和科学的计算方法是正确衡量风险的基础，也是建立一个有效风险管理体系的前提。各种风险衡量指标的总称称为风险测度，风险测度对融资风险分析至关重要。根据不同的测度方法，融资风险测度可分为定量测度与定性测度，静态测度与动态测度，单一测度与综合测度。

定量测度是以调查统计资料为依据，对风险状况进行科学的定量分析；定性测度是根据有关人员的经验、专门知识及掌握的实际情况，对风险状况进行比较切合实际的测度。为了使风险测度既准确可靠又切合实际，在风险估计中一般将两种方法结合使用，先进行定性判断，再进行定量测度，最后用定性分析方法分析定量测度的结果。

已有的融资风险分析的研究主要是对社会生产企业的融资风险分析和对单个项目的融资风险分析。本书所进行的收费公路融资风险分析显然与上述两种均有所差异。

收费公路与社会生产企业融资风险分析的区别在于：收费公路是国民经济的基础设施，具有明显的正外部效应，属公共用品的范畴，它的建设目的在于解决区域的交通出行，促进当地的社会经济发展。收费公路规费按有偿使用原则，向受益人收取并用于公路运输基础设施建设、养护、维修以及公路运输行政事业管理支出，规费收取标准的确立，不以营利为目的，应与公路使用者消费水平相适应，以成本补偿为原则。对于政府还贷收费公路收取通行费的目的是偿还贷款而不是赢取利润，通行费收取标准应以实现收费期间的成本补偿为上限。而社会生产企业的目的显然是盈利。因此，本书的融资风险分析与社会生产企业的融资风险分析不同。

（二）融资风险评估指标

结合收费公路的实际情况，在此主要是研究融资和偿债风险，设计了一系列融资风险基本指标和风险衡量指标，具体如下：

1. 收入与偿债本息比率。

收入与偿债本息比率指当年扣除开支后的可偿债收入与当年应偿债务本息之比。该项指标能够反映贷款主体的偿债能力。实际上，债务风险不仅与负债比率有关，更重要的是与偿还能力有关，如果通行费、财政补助资金等收入高，用于偿还债务的资金来源充足，则尽管负债比率较高，债务风险并不大，因此将收入与偿债本息比率作为债务风险的重要指标之一。

计算公式：

收入与偿债本息比率 = 当年可用于偿债的收入/当年应偿债务本息 × 年应偿债务

判断标准：

(1) 收入与偿债本息比率大于 100%：表明收入完全可以覆盖贷款本息，该资产处于优良状态，总体不存在风险。比率越大说明平台还本付息能力越强；

(2) 收入与偿债本息比率小于 100%：表明至少有部分本息不能立即偿付，需要通过其他债务性资金来偿还，存在潜在风险，具体风险程度需要结合收入利息倍数指标确定。

专栏 8-1:

银监会对四种不同覆盖的相关规定

银监发〔2012〕12 号文规定：退出政府融资平台管理的条件是自身现金流 100% 覆盖贷款本息，同时对现金流不能 100% 的政府融资平台，切实缓释存量贷款的严格要求。

《中国银监会办公厅关于地方政府融资平台贷款清查工作的通知》（银监办发〔2010〕244 号）规定：全覆盖指借款人自身现金流占其应还债本息的比例达 100%（含）以上；基本覆盖指借款人自身拥有的现金流占其应还债本息的比例达 70%（含）以上；半覆盖是指借款人自身拥有的现金流占其应还债本息的 30%（含）至 70% 之间；无覆盖是指借款人自身拥有的现金流占其应还债本息的 30% 以下。

2. 收入和利息比率。

收入和利息比率指当年扣除管养支出后可用于偿债的收入与当年应偿还的利息之比。此项指标主要是考虑到本金可以通过调整债务结构、延长还款期限等方式滞后偿还，而利息偿还具有一定的刚性。经营收入能否满足偿还利息的需要，是衡量一个融资平台风险状况的重要指标。

计算公式：

收入和利息比率 = 当年可用于偿债的收入／当年应偿利息 × 年应偿利

判断标准：

（1）收入和利息比率大于 100%：说明收入能够满足偿还利息的要求，融资平台的债务规模不会因此而增长，债务规模可以控制在既有的规模内；该项指标越大说明该平台支付利息费用的能力越强，收入利息倍数表明该资产总体不存在还息风险；

（2）收入和利息比率小于 100%：说明收入不能满足偿还利息的要求，融资平台的债务规模，会因利息的积累而不断扩大。如果这种“收不抵息”状态长期得不到改善，债务规模会因此不断扩大，而债务规模的扩大又会导致利息支出的增加，如此下去，偿债风险将失去控制。

3. 债务逾期率。

债务逾期率是用于反映债务按期归还情况，它从是否按期还款的角度反映债务使用效益情况和资产风险程序。监控债务逾期率，目的是促进借贷双方对逾期债务尽快妥善处理。

计算公式：

债务逾期率 = 逾期债务额/债务总额 × 务总额率

判断标准：以银监会公布的上一年度全国商业银行不良贷款率为评价基准：

（1）债务逾期率大于商业银行不良贷款率，说明收费公路行业债务风险高于全国平均水平，应引起关注。

（2）债务逾期率小于商业银行不良贷款率，说明收费公路行业负债质量优于全国平均水平。

4. 新增债务率。

新增债务率主要反映的是债务的增长速度。近年来，我国公路建设债务增长率保持在 20% 以内，在大规模刺激经济政策出台的年份，债务出现突增的现象，如 1998 年和 2009 年公路建设债务余额分别比上年增长 101.7% 和 31.5% 。近年来，我国公路债务还款的主要资金来源——通行费收入的增长保持在 10% 左右。

计算公式：

新增债务率 = 当年新增债务额/上年底债务余额 × 年底债务

判断标准：

（1）新增债务率大于 20% ，说明需要警惕新一轮投资拉动可能带来的巨额坏债。

（2）新增债务率在10%到20%之间，说明债务增速保持往年平均水平。

（3）新增债务率小于10%（小于通行费增长速度），说明债务总体增速趋缓，为解决债务风险腾出空间和时间。

5. 短期债务比率。

短期债务比率指平台中短期债务占全部债务的比例。车辆通行费收入一般情况下呈逐年递增的趋势，公路在建设初期通行费收入较少，如果公路中短期债务比率过高，则早期的通行费收入不足以偿还短期债务。短期债务比率太高也会带来偿债风险。因此，公路债务的期限结构应与公路收费收入或项目未来现金流量相匹配，即应以中长期债务为主，并附宽限期，宽限期为4～6年，偿还期10～20年，短期债务用于流动性大、时限强的养护、管理支出，故我们设定为其所占比例不宜超过全部债务的25%（近似养护、管理费所占比例）。

计算公式：

$$短期债务比率=短期债务额/债务总额\times 务总额比$$

判断标准：

（1）短期债务比率低于25%：说明债务结构较为合理；

（2）短期债务比率高于25%：说明债务结构不太合理，比率越高，说明短期内的债务偿还风险更大。

短期债务比例大，在宽松的货币政策环境下，融资主体可以通过“借新还旧”的方式进行偿还，同时又因为短期债务利率较低，可以有效降低融资成本。在紧缩的货币政策环境下，短期债务会大大增加当期的还本付息压力。目前，许多省份针对短期债务进行结构调整，以缓解近期面临的还本付息压力，化解债务风险。

（三）融资风险评估模型

上述指标中，我们将收入与还贷比率和收入利息倍数作为衡量交通部门融资风险的关键指标，将新增债务率和短期债务比率作为分析融资风险的次要指标，根据各主体的这四项指标判断其融资风险是否可控；同时，其他指标作为辅助性指标，在风险判断时给予综合考虑，进而判断其融资风险是属于可控、短期风险还是长期敞口风险，具体如表 8－1 所示：

表 8－1　　风险类型划分

风险状态	预警级别	债务类型	发出信号
收入与偿债本息比率大于 100%	绿灯（低风险）	良性类	运行良好
收入与偿债本息比率小于 100%，收入和利息比率大于 100%。以下三种情况未出现或只出现一种：资产负债率 75% 以上，新增债务率 20% 以上，短期债务比率高于 25%	蓝灯（中等风险）	准良性类	审慎监视
收入与偿债本息比率小于 100%，收入和利息比率大于 100%。以下三种情况出现两种以上：资产负债率 75% 以上，新增债务率 20% 以上，短期债务比率高于 25%	黄灯（中高风险）	关注类	密切监控
收入和利息比率小于 100%	红灯（高风险）	可疑类	高度警惕

根据风险评估显示类别，债务举借主体和交通主管部门应采取分类管理的办法。具体如表 8－2 所示：

表 8－2　　不同主体应采取的风险防控措施

风险类型	债务主体应采取的措施	交通主管部门应采取的措施
绿灯（低风险）		积极支持
蓝灯（中等风险）	节约财务费用，加强日常管理和维护	提醒公司管理者加强财务管理，必要时采取税收优惠或减免等措施
黄灯（中高风险）	加大资本金投入，减少债务规模，降低财务费用，多渠道降低利息支出	对项目进行严格的财务监控，减免税收，必要时采取灵活的方式，如资本金注入、战略性结构调整等措施

续表

风险类型	债务主体应采取的措施	交通主管部门应采取的措施
红灯（高风险）	适当减少债务规模，呼吁加大财政投资力度	加大财政投资力度，合理控制交通建设规模，必要时实行债务优化重组等措施

三、债务风险防范思路和措施

（一）存量债务重组

通过对收费公路债务情况进行分析，对偿还确有困难的债务，积极沟通债权银行，通过债务展期、变更偿还方式等进行债务重组。如新疆 2017 ~ 2021 年延后归还本金 115 亿元。黑龙江厅将 2030 年前到期 338 亿元二类债还款期限统一延长 20 年，近 5 年年均还本额降低 40%。吉林省厅制定方案，拟对承担偿还责任的 8 条政府还贷高速公路项目进行 PPP 改造，降低当期还款压力。

（二）应用金融创新置换现有债务

在国家实施稳健货币政策、银行贷款规模受限的情况下，交通运输部门可以拓宽融资视野，创新金融市场融资渠道、吸引社会资本投资缓解融资难问题。金融市场直接融资渠道有以下几种：

1. 企业债券。

企业债券融资模式明显的优势主要包括：一是资金成本低；二是保障股东控制权；三是期限长，为 15 ~ 20 年；四是筹措大额资金，最高可以达到净资产总额的 40%。

2. 中期票据。

中期票据的发行条件比公司债和企业债宽松，在企业盈利能力、现金流获取、净资产方面均无限制，而发行主体、资金用途方面等限制也较公司债和企业债宽松，发行额度为企业净资产的40%以内，债券期限为1～5年。

3. 短期融资券。

短期融资券的主要优点体现为：一是短期融资券的筹资成本更低；二是可以一次审核、滚动发行，筹资数额比较大；三是发行短期融资券可以提高企业信誉和知名度。

例如：河南省收费还贷中心（以下简称“还贷中心”）已于2015年注册70亿元的短期融资券，并于2015年12月发行“15豫高管CP001”21亿元，本期计划发行额度为20亿元的2016年度第一期短期融资券，期限为365天，偿还方式为到期一次性还本付息。募集资金中4亿元计划用于补充营运资金，16亿元计划用于偿还公司借款。

河南省是我国中东部重要的陆路交通枢纽，还贷中心作为河南省政府收费还贷收费公路的唯一投融资、建设和运营管理主体，行业地位突出。近年来还贷公司在建收费公路项目投资规模较大，债务规模不断扩张，债务负担较重，财务费用高，但还贷公司所辖路产质量良好，通行费收入持续增长，并且获得了政府在政策税收、路产注入、土地注入和资金支持等多方面的支持。未来随着区域经济的发展和近年通车路段效益的显现，还贷公司通行费收入和利润规模有望增长。总体看，还贷公司主体信用风险极低。还贷公司经营活动现金流入量、经营活动现金流净额和现金类资产对本期短期融资券的覆盖程度较高。总体看，本期短期融资券到期不能偿付的风险极低。

4. 项目收益债。

项目收益债券具有以下主要特点：一是与特定项目相联系，其利息支付和本金偿还均来自投资项目自身的收益，如收费公路项目的收费。二是项目收益债券以项目法人为发行主体，项目法人既可以是企业法人又可以是事业法人，可有效解决我国交通基础设施项目事业法人（如公路局）发债融资的问题。三是对筹集资金的用途限制较宽松，既可用于新建项目，也可用于调整现有债务结构等其他用途。四是享有特殊的优惠待遇，一般免缴或减收利息税。

5. 股权融资。

股权融资主要包括股权信托融资和保险资金股权投资计划。

（1）股权信托融资。股权信托融资是指信托投资公司通过募集资金，对交通企业以股权方式进行投入，使企业拟建设项目顺利进行。常用的做法有股权投资、阶段性持股、优先股、阶段性优先股。

对于优质收费公路和具有良好盈利模式，但短期内处于市场培育期的收费公路，可以以股权信托方式，盘活国有股股权。

一是报批程序和后续管理较债券、股票相对便捷、灵活，有利于统筹协调。就信托产品的管理方面来说，目前银监会对信托的管理比较市场化，因此信托业的创新可以与货币市场、资本市场和实物市场自如对接。

二是收益分配政策可以根据整个金融市场和投资者的预期反映来统筹安排，既可以不承诺保底收益，也可以自行享有超额部分的收益。在实际操作中，综合融资成本控制在银行存款利率与贷款利率之间。

（2）保险资金股权投资。保险资金股权融资具有长期投资的性质，可以化解企业财务风险，优化企业资产负债结构，没有还本付息的资金压力。通过保险资金股权投资计划引入保险资金，既保证保险资金所追求的稳定投资回报问题，又不丧失交通管理部门对公路的管理权和控制权。合同到期之后，交通部门有权利回购收费公路股权，并不丧失对收费公路价值增值部分的拥有权。

（三）存量资产变现

收费公路除了公路主要资产外，还拥有大量的非公路资产，主要有机电工程设施、收费公路服务区、收费公路加油站、土地及其附属设施等。如果借助金融工具和国家政策，盘活这些固定资产，从而能够为公路交通发展增加新的建设资金。收费公路资产划分为公路主路资产，辅助性资产，机电工程资产、服务器资产、加油站资产、广告牌服务资产等，可以对非公路主路资产开展金融租赁业务。

融资租赁自身的优势：一是投资税收抵免；二是盘活现有设备，增加资金来源；三是通过分期付款的支付租金方式，一般来说承租人的偿还压力较小；四是租赁公司的租赁设备的价格可能低于市场价格，承租人可以得到一定的实惠。

1. 开展服务区资产的售后回购业务。

将服务区进行整合，把服务区的资产进行销售，或者把服务区公司的股权进行转让（避免资产销售形成大量的增值税和所得税），可以在账面资产小额减少的情况下，形成可观的销售现金收入。

2. 开展收费公路机电工程的售后回租业务。

将交通运输厅所属的收费公路的机电工程进行清产核资，按照重置法进行资产评估，开展金融租赁的售后回租工作，也就是把机电工程资产卖给租赁公司，形成一定的销售收入。

3. 盘活加油站。

通过租赁经营或者买断的方式，从而盘活收费公路加油站等固定资产，增加公路经营单位的现金流。

4. 盘活收费站配套房产。

与中国石油和中国石化公司合作，利用收费站闲置土地建设加油站，建设成本由两家公司承担，每对加油站还能得到补贴现金补贴，从而形成一定规模的租赁收入。

5. 盘活沿线土地及其他政府补偿土地资源。

争取财政性的土地补偿，积极尝试依托收费公路沿线土地资源开展多元化经营，采取合资、合作、租赁等多种方式，分类发展物流仓储、休闲旅游、种植养殖等项目。

6. 通过收费权的转让增加短期资金量。

通过合法的程序，对公路收费权进行评估，通过转让一定年限的收费权限，获取一定规模的资金。

第九章　相关政策建议

一、对政府部门的政策建议

（一）加快出台新的收费公路条例，完善法律法规体系

以法律条文的形式确定“公路两个体系”的并存，即以收费公路为主体的收费公路体系和以普通公路为主体的非收费公路体系，两个体系的基本功能和作用是相同的，但在建设机制、投融资方式、服务功能和运营管理上却又不尽相同，因而从法律层面确定，有利于依法建设和管理，从而推进我国收费公路交通事业的科学、健康和可持续发展。

明确收费公路收费的长期性，将收费公路的收费分为建设还贷期和养护运营期两个阶段，合理确定新建和改扩建收费公路的收费年限，确保到期的收费公路继续收费，确保平稳过渡到合理收费、长期限的收费公路体系。

（二）尽快出台《地方政府收费公路专项债券管理办法（试行）》实施细则

政府收费公路具有相对长期稳定的收益来源，发行收费公路专项债为我国未来路网建设提供了资金来源。只有尽快出台相应的实施细则，地方政府收费公路专项债券才能真正得以贯彻落实，才能切实形成收费公路建设资金。

（三）建议将政府还贷收费公路债务逐步纳入地方政府债务

收费公路跨越式发展为经济社会发展起到巨大的支撑和保障作用，但同时也留下了巨额的政府性债务。建议将部分政府还贷路的政府性债务逐步转换为政府债务，从而减轻收费公路的负担，支持建设更多、更好的收费公路。

（四）坚持车辆购置税、燃油税的专项用途

我国公路交通发展长期存在政府投入不足的问题，未来财政对交通发展的

投入职能进一步加强，而不应减弱。不论财税体制改革如何调整税收体系，给交通的财政切块必须保证和不断加强，取消车辆购置税、燃油税的专项用途可能导致财政对交通发展的投入水平出现倒退，影响交通运输行业整体服务水平。许多发达国家都开征了交通专项税，专门用于交通运输发展，符合“取自交通，用于交通”的原则，保持交通专项税的依据是充分的。因为营改增导致的地方财税收入缺口完全可以通过其他可行途径加以解决，如提高烟酒、奢侈品等消费税返还地方比例，而不应用车辆购置税填补地方收入缺口。

（五）积极完善推动PPP模式的政策法律环境

1. 营造公平竞争环境，激发和促进民间投资。

鼓励国有控股企业、民营企业、混合所有制企业、外商投资企业等各类型企业，按同等标准、同等待遇参与PPP项目。

2. 推进配套改革，健全补贴机制，保障社会资本的合法权益。

PPP是一项重大改革，吸引民间资本参与基础设施和公共服务建设，是一个不断创新的过程，包括理论创新、治理创新、制度创新、模式创新等，所以在PPP项目的推进过程中，应循序渐进地推进改革，深化改革，确保配套改革同步推进，健全财政补贴机制，保障社会资本的合法权益。

3. 提高契约意识，保障社会资本的合法权益。

政府部门参与PPP时必须转变心态，强化契约精神，提高对社会资本合法权益的重视程度，健全保障机制，切实履行合同约定，让社会资本放心、安心地参与PPP项目，全身心地投入到PPP项目的运作实施。

4. 规范退出机制，保障退出通道畅通。

完善的退出机制是社会资本参加PPP项目“盛宴”不可或缺的重要保障，

建议将“退出机制”作为重要的一环予以规范，政府应借鉴国外PPP交易所，依托各类产权、股权交易市场，为社会资本提供多元化、规范化、市场化的退出渠道。

二、对交通企事业单位的建议

（一）加强队伍建设，深刻领会新的政策

第一，我国的交通产业投资已从最早的“贷款修路、收费还贷”发展到现在的PPP模式，供给方式在不断改革。因而，必须加大对政策的学习和理解，全面掌握PPP模式的本质和精髓，在实践中灵活运用。

第二，通运输业的发展要特别关注资本市场。一方面，不断拓展开发性、商业性信贷支持和发展项目收益债券、资产支持票据等一系列具有针对性的金融创新产品。另一方面，进一步发展股权、债权以及股债结合等金融创新产品，达到全方位参与交通产业投资，拓宽融资渠道，降低融资成本；对于存量项目，以债务重组为基础，优化资产债务结构。

第三，向省政府积极汇报争取政策，明确每年一定规模的财政资金用于收费公路项目政府资本金出资、投资补助或运营补贴，用于发展政府收费公路或引导吸引社会资本参与收费公路PPP项目。

第四，对于项目实施难度复杂、风险大、投资收益不稳定收费公路项目，国高网项目可通过申请交通运输部车辆购置税补助资金、地高网项目可通过本级财政和相关区县（市）及企业“共建共享”制度配套资金方式解决资本金部分的资金筹措，余下部分可由政府通过发行政府收费公路专项债券实施。

第五，探索收费公路和普通国省干线统筹发展模式。对于部分区县（市）自身缺乏融资平台公司或融资平台公司筹资能力有限的，可探索收费公路 PPP 项目和普通国省干线政府付费类 PPP 项目打捆统筹发展模式，尤其是对于收费公路 PPP 项目拼盘资金相对富余的，可通过隐性“指令性”方式交由还贷中心作为社会资本方承担，这同样有助于收费公路更好发展。

（二）控制融资风险

1. 完善投融资项目顶层设计。

收费公路融资已经从传统贷款修路模式转换到政府与社会资本合作模式，因而，在推进 PPP 模式过程之中，首先应该完善顶层设计，从根本上消除风险隐患。要秉承物有所值原则，强化财政承受能力论证，加强 PPP 项目财政支出责任的监测，特别是强化一般公共预算支出 10% 红线的硬性约束。在从宏观、中观层面，对财政整体承受能力进行监测和约束的基础上，要进一步强化对单个项目本身的评估。

2. 规范发展，建设和运营并重，避免运营内容“淡化”倾向。

PPP 项目要以运营为核心，发挥社会资本的优势，提高公共服务供给效率。在当前参与 PPP 项目的多为施工企业的情况下，必须坚持建设和运营并重，避免既不愿意承担运营风险，也不具备运营能力的施工企业进行投机，从源头上消除风险隐患。同时，克服更看重“上项目”的短期目标。

3. 加强运营过程中的绩效考核。

按照“激励相容、提质增效”的目标，探索制定明确细化的收费公路项目验收绩效指标体系，覆盖 PPP 项目全生命周期，确保全程有监督、有考核、有验收，从而降低项目风险。

4. 建立收费公路债务风险预警机制。

动态评估各条收费公路债务风险状况，对高债务风险路段进行风险预警，提前采取措施，合理控制债务余额的规模和增长速度。

5. 建立债务风险应急处置机制。

通过建立收费公路债务平衡基金或者偿债准备金，多渠道筹集资金、偿还债务。

主要参考文献

［1］杨建平，杨新征．国外交通投融资管理制度研究［M］．人民交通出版社，2015年4月．

［2］陈建军．收费公路建设融资实施资产证券化创新研究［J］．中国西部科技，2004（4）．

［3］牛文强．广西收费公路PPP融资模式下的探索［J］．财会学习，2016（19）．

［4］赵婧．浅谈投融资政策在公路建设中的应用［J］．交通财会，2007（6）．

［5］孙荣霞．基础设施BOT－TOT－PPP集成融资模式的研究［D］．昆明理工大学，2010.

［6］上官健．PPP融资模式在海南收费公路项目应用刍议［J］．交通财会，2014（7）．

［7］王剑．贵州收费公路建设利用资产证券化融资解析［J］．交通财会，2010（3）．

［8］王淑德，孙睿．安徽省收费公路资产证券化融资模式探析［J］．交通财会，2014（11）．

［9］陈曦．基于霍尔三维模式的BOT、BT与TOT集成融资模式研究——以个旧—大屯一级公路隧道项目为例［D］．昆明理工大学，2011.

[10] 汪东杰，王乐群．国外收费公路融资方式及投资回收方法［J］．市政技术，2006，(5)．

[11] 倪宏宁．我国收费公路资产证券化应用研究［D］．南昌大学，2007.

[12] 张杨梅．试论我国收费公路建设的投融资方式创新［J］．当代经理人，2006 (3)．

[13] 刘瑞波．我国收费公路融资方式的局限性及其创新［J］．财经问题研究，2005，(11)．

[14] 黄文苗．BOT模式在收费公路项目中应用性研究［D］．对外经济贸易大学，2006.

[15] 叶红．收费公路行业创新融资方式的探讨与实践——以“十二五”期间四川收费公路建设开发总公司融资方案为例［J］．交通财会，2016 (3)．

[16] 张康潜．J高速集团融资创新方式研究［D］．南昌大学，2014.

[17] 李远军，朱曦，韩静．BOT+EPC模式下建设咸通收费公路项目的探索和思考［C］．湖北省公路学会2012年学术年会论文集［C］，2012，12 (8)．

[18] 杨伟新．收费公路PPP融资模式研究——以YW收费公路为例［D］．西南交通大学，2011.

[19] 侯琳琳．我国收费公路资产证券化融资研究［D］．长安大学，2009.

[20] 黄生妙．资产证券化在收费公路建设融资模式中的应用［D］．湘潭大学，2007.

[21] 韦方亮．收费公路建设资产证券化融资研究［D］．北京交通大学，2009.

[22] 张丽英，金俊武．关于发展我国收费公路产业投资基金的思考［J］．中国软科学，2000 (2)．

[23] 刘盛华．四川收费公路建设融资方式研究［D］．西南财经大学，2009.

[24] 毛亚敏，涂世峰．关于西部地区收费公路建设融资的探讨［J］．武警工程学院学报，2002 (3)．

［25］刘英．收费公路建设多方位融资探讨［J］．经济研究导刊，2009（22）．

［26］杨建平，邹光华．积极稳健、审慎灵活的宏观经济调控政策对我国交通发展的影响［J］．交通财会，2011（3）．

［27］汤超．收费公路项目融资渠道分析［J］．华东公路，2000（4）．

［28］杨建平．关于发展公路交通产业投资基金的思考［J］．交通财会，2008（7）．

［29］吴新华．建立中央权益支撑的国家收费公路产业基金的思考［C］．中国收费公路管理学术论文集（2010卷），2010，10（1）．

［30］侯云飞．高速公路项目债务风险预警及防范研究［D］．长沙理工大学，2011.

［31］张智勇．PPP模式下高速公路项目投融资风险管理研究［D］．中国科学院大学，2016.

［32］娄群．浅谈公路建设中的筹融资渠道以及融资风险防范［J］．交通财会，2009（3）．

［33］金雷，徐珂，王玲杰，等．高速公路BT模式建设项目管理研究——以巩登收费公路项目为例［R］．河南省社会科学院，2009，11～2011，6.

［34］王治，刘苾兰．我国收费公路投融资风险防范与体制改革思考［J］．长沙理工大学学报（社会科学版），2013（3）．

［35］唐涌．收费公路融资风险管理［J］．交通财会，2006（4）．

［36］韩佩宏，高幸．收费公路资产证券融资风险预警研究［D］．长沙理工大学，2008.

［37］杨雄，曾祥记，沈君玉，卢迎春．收费公路建设投融资体系研究与风险防范对策［J］．交通财会，2008（1）．

［38］王劲峰．收费公路建设的融资及其风险防范［J］．现代经济信息，2009（15）．

［39］傅剑平，佘金凤．收费公路项目投资风险预警系统的研究［D］．华东理工大学，2013.

［40］韩悦．我国收费公路 BOT 项目重点风险项分析及防范［J］．项目管理技术，2013，（8）．

［41］段叶秋，赵华．收费公路债务风险及防控措施分析［D］．长沙理工大学，2014.

［42］江苏省交通运输厅．积极适应深化财税体制改革新形势努力创新交通运输投融资新模式［J］．交通财会，2015（4）．

［43］陈传德，吴露萍．西部公路建设投融资渠道和方式探讨［C］．第四届国际道路和机场路面技术大会论文集，2002.

［44］张青，刘吉发．河北省收费公路融资方式研究［D］．长安大学，2013.

［45］李杰，李国昌，方仲民．河北省收费公路融资方式研究［D］．河北科技大学，2012.

［46］杜荣春，郗恩崇．我国公路债务风险问题研究［D］．长安大学，硕士论文，2000.

［47］徐芳，宋华东，邹光华．关于设立河南公路建设偿债基金的思考［J］．交通财会，2012（4）．

［48］张可强，王庆华．吉林省公路建设投融资模式的实践与创新研究［D］．吉林大学，2007.

［49］于文卓，许梦博．中国收费公路投融资模式研究［D］．吉林大学，2013.

［50］李燕娟．收费公路发展战略研究［D］．长安大学，2006.

［51］戴东昌，徐丽，李俊．收费公路的成就与挑战［J］．中国公路，2002（11）．

［52］翁登峰．以创新方式更好实现收费公路投资建设融资难题——bot 和 ppp 之比较［J］．金融经济，2011（8）．

[53] 李立航. 产业投资基金的组织形式及其比较 [J]. 山东农业大学学报（社会科学版），2010（3）.

[54] 交通运输部科学研究院. “十二五”期公路水路交通发展投融资政策研究 [R]，2011.

[55] 交通运输部. 2016 年全国收费公路统计公报 [Z]，2017.

[56] 交通运输部. 2013 年全国收费公路统计公报 [Z]，2014.

后　记

本书从开始策划到动笔写作，几经修改，多次讨论，几易其稿，终于得以出版，非常感谢交通运输部科学研究院发展研究中心（财政金融中心）领导的大力支持，特别是杨建平总工程师给予的专业指导，本单位的同仁们也都分别为本书提供了资料和帮助，在此一并表示衷心的感谢！

此外，中国财政经济出版社的编辑们为本书的出版提供了大量的帮助，在此表示诚挚的谢意！

作者
2018 年 8 月